Merci d'avoir choisit "20 Fiches pour réussir son UE 2 de DCG".

Vous retrouverez ici l'essentiel des connaissances à avoir en Droit des sociétés et groupement d'Affaires.

Les fiches sont "brutes", n'hésitez pas à rajouter de la couleur, souligner, surligner,... afin de vous approprier le texte.

Bon courage et bonne révision!

Sommaire

Introduction au droit des sociétés

1- La notion de société
2- Le contrat de société
3- La naissance de la société
4- Le fonctionnement et le contrôle de la société
5- La disparition de la société
6-La société sans personnalité juridique

Les types de sociétés

7- La SARL
8- L'EURL
9- La SA
10- La SAS et la SASU
11- La SNC
12- Les sociétés civiles de droit commun

L'économie sociale et solidaire

13- L'ESS et les associations
14- L'ESS et la société coopérative

Les types de groupements

15- La SCA, la SEL et le GIE
16- La SCI, la SCP, la SCM et les sociétés agricoles

Les difficultés des sociétés

17- Mandat ad hoc et conciliation
18- Procédure de sauvegarde redressement et liquidation judiciaire

Droit pénal

19- La responsabilité pénale
20- Les infractions

Chapitre 1: La notion de société

La définition de la société

Notion de société:

Il y a deux types de personnes: les personnes physiques et morales. Une société permet d'acquérir une personnalité juridique.

Définition personnalité juridique: c'est la capacité à se voir reconnaître des droits et des obligations.

La pluralité d'associés: pour exister, la société doit être formée par 1 ou plusieurs personnes, qui vont mettre en commun des biens, des droits, des capitaux, pour créer une activité économique.

La mise en commun d'apports: ils peuvent être en numéraire, en nature ou en industrie.

La recherche d'un bénéfice ou d'une économie: L'objet social est l'objectif de la société. Cette activité va créer des bénéfices, premier but des associés.

Distinction entre entreprise et société: Une société a une personne morale, pas l'entreprise. La société a donc un patrimoine, celui de l'entreprise est confondue avec la personne physique. Depuis 2022, le patrimoine qui peut être saisi est seulement celui professionnel.

Les sources et l'évolution du droit des sociétés

les sources:

Le bloc de constitutionnalité: Il est composé de:
- **la constitution de la 5ème République**
- **le préambule de la Constitution de la 4ème République**
- **la déclaration des droits de l'homme et du citoyen**
- **la Charte de l'environnement**

Les traités internationaux et européens:
- **les traités internationaux: peuvent avoir comme objectif de régler les conflits de loi, de superposer une législation uniforme et d'uniformiser le droit qui concerne les relations internationales.**
- **les traités européens: ils veulent faciliter les relations commerciales entre états membres avec des règlements et directives. De plus, ils créent aussi de nouveau groupement comme le GEIE (groupement européen d'intérêt économique).**

La loi: c'est le regroupement de tous les Codes: le Code civil, le Code de commerce et le Code monétaire et financier.

Les décret, ordonnances et arrêtés: il éclairent ou complètent les lois.

Les statuts: c'est le contrat de société qui fixe les règles.

Les usages: ce sont des pratiques non écrites généralisées.

La jurisprudence: c'est l'ensemble des décisions des tribunaux. Les décisions peuvent servir de base aux décisions futures.

La doctrine: elle regroupe les travaux d'auteurs. Elle constitue une ressource documentaire riche.

Le choix d'une structure juridique

Critères propres à l'activité:
- le but de l'activité: il peut être lucratif ou non lucratif.
- le domaine d'activité: civile ou commerciale

Critères du nombre d'entrepreneurs: s'il est seul, entreprise unipersonnelle, s'ils sont plusieurs, société ou association.

Critères propres à la situation patrimoniale de l'entrepreneur:
- engagement de sa responsabilité personnelle:
  - oui: SNC, ancienne EI et EIRL
  - non: autres sociétés
- l'influence de son régime matrimonial
  - régime de communauté réduite aux acquêts (ou régime légal): les biens acquis avant le mariage sont personnels et ceux acquis pendant sont communs.
  - régime de communauté universelle: tous les biens sont en communs.
  - régime de séparation des biens: tous les biens sont personnels.

Critères financiers: Si l'entrepreneur ne veut pas investir de fonds, il faut choisir une entreprise, car plus simple à créer et moins coûteux. Les sociétés sont coûteuses à créer et il y a des apports à faire.

L'entreprise individuelle

Définition: cela consiste à exercer une activité professionnelle sans entité juridique distincte. Elle est confondue avec le patrimoine personnel de l'entrepreneur.

Formalités de constitution: une personne physique n'a le droit de créer qu'une EI. Elle doit la créer au CFE (centre de formalités des entreprises).

Engagement du patrimoine personnel:
- avant la loi du 14 février 2022: l'entrepreneur était responsable totalement et indéfiniment des dettes. Il pouvait protéger ses biens personnels en faisant une déclaration d'insaisissabilité. Depuis 2015, sa résidence principale est automatiquement protégée.
- depuis la loi du 14 février 2022: cette loi prévoit l'insaisissabilité des biens personnels. Cette séparation s'effectue automatiquement. Pour les entreprises créées après cette loi, l'insaisissabilité s'applique seulement pour les nouvelles créances.

Régimes:
- fiscal: par défaut, l'EI est soumise à l'IR (BIC, BNC ou BA). Souvent, le régime réel simplifié est privilégié, car plus simple comptablement que le régime réel normal. Cependant, le régime réel normal est obligatoire quand le CA HT dépasse 789 000€ pour une activité d'achat-revente et 238 000€ pour une activité de prestation de services.
- social: l'entrepreneur relève du régime des travailleurs non salariés (TNS). Depuis 2020, il est aussi soumis à la Sécurité Sociale.

Avantages et inconvénients:
Il est simple de la créer et de faire ses déclarations. Le fonctionnement est simplifié. Cependant, le patrimoine personnel est en jeux et une entreprise est moins crédible qu'une société.

La micro-entreprise

Définition: elle remplace l'auto-entreprise depuis 2018. Elle fonctionne comme une EI, est dispensée d'immatriculation au RCS et peut être une activité secondaire.

Régime: le régime unique résulte de la fusion des régimes micro-social et micro-fiscal. Il permet d'obtenir un abattement forfaitaire sur le CA à hauteur de:

- 71% pour les activités d'achat-revente, fourniture de logement, vente à consommer sur place
- 50% pour les prestations de services commerciales
- 34% pour les prestations de services non commerciales

Conditions pour en bénéficier: il ne faut pas dépasser le seuil de CA HT:

- 176 200 € pour les entreprises d'achat et vente de marchandises ou prestation d'hébergement
- 72 600€ pour les BIC et BNC

L'EIRL

Définition: Cette forme juridique a été supprimée depuis le 14 février 2022. Elle concerne les activités commerciales, artisanales, agricoles et libérales.

Formalités de constitution: Il faut créer un patrimoine d'affectation professionnel. Seulement ce patrimoine pourra être saisi pour rembourser les dettes.

Protection du patrimoine personnel: pour les créanciers professionnels, seul le patrimoine d'affectation est saisissable. Pour les créanciers personnels, l'ensemble du patrimoine est saisissable.

Régimes:

- Fiscal: IR avec option à l'IS
- Social: TNS (travailleur non salariés)

Chapitre 2: Le contrat

Éléments constitutifs du contrat de société

Le contrat de société est caractérisé par les conditions classiques de validité d'un contrat et les conditions cumulatives.

Associés

Leurs nombres varient selon le statut juridique choisit (1 pour une EURL et SASU, entre 2 et 100 pour la SARL,...)

Leur capacité: c'est l'aptitude d'une personne à exercer ses droits et obligations.

Pour les mineurs:

- si non émancipé: peuvent être associés ou actionnaires seulement si la qualité de commerçant n'est pas obligatoire. Ils n'agissent pas personnellement, c'est son représentant légal.
- émancipé: dispose de la même capacité civile qu'un majeur. La qualité de commerçant est délivrée par le juge des tutelles ou le président du tribunal judiciaire.

Définition: l'émancipation, c'est l'acte juridique par lequel un mineur et associé à un majeur et peut accomplir les actes de la vie civile (sauf PACS, vote, casino,...). La demande est faite au tribunal par le représentant. Le mineur doit avoir plus de 16 ans et avoir des justes motifs.

Pour les majeurs:

- majeurs sous tutelles: seul le tuteur peut faire un acte juridique (représentation juridique)
- majeurs sous curatelle: ils peuvent faire des actes juridique avec l'autorisation du curateur (assistance juridique)
- majeurs sous sauvegarde de justice: ils peuvent faire des actes juridiques mais cela peut être annulé pour cause de démence.
- majeurs aliénés: si il est sans protection, ses héritiers peuvent engager une action en nullité des actes de moins de 5 ans avec une preuve de trouble mentaux.

Apports

Les apports possibles sont:

- apport en numéraire
- apport en nature (en pleine propriété, nue-propriété ou usufruit, jouissance)
- apport en industrie

L'affectio societatis

Définition: c'est la volonté des associés à collaborer avec d'autres dans un but commun. Une absence d'affectio societatis entraîne la nullité de la société.

Participation aux résultats

Le partage des bénéfices: c'est le résultat de l'activité économique de la société. La société peut redistribuer les bénéfices (dividendes).

La contribution aux pertes: chaque associé participe, proportionnellement à ses parts dans la société, aux pertes. Il peut donc perdre ses apports.

En cas de résultat positif, les associés peuvent le mettre en réserve, le redistribuer (clauses léonines interdites, c'est-à-dire qu' un associé ne peut pas avoir tous les dividendes ou inversement).

En cas de résultat négatif: les associés, selon le statut juridique, peuvent devoir contribuer aux pertes.

La nullité intervient s'il y a un défaut dans la constitution de la société. Il y a prescription au delà de 3 ans. La nullité n'est pas rétroactive.

Violation d'une condition générale de validité des contrats: elle est relative si vice du consentement car une seule des parties est concernée. Dans une société commerciale, il y a un délai de régularisation de 6 mois. Si absence de consentement ou de contenu licite et certain, la nullité est absolue car cela porte atteinte à l'ordre public.

Violation d'une condition spécifique de validité des contrats: nullité possible en cas d'absence d'apports, d'affectio societatis, du non-respect du nombre d'associés,...

Capitaux et résultats

capital social: c'est l'ensemble des apports en nature et numéraire. Cela attribue donc des parts sociales ou actions ou associés et leur donnent le droit de vote et de dividende.

Capitaux propres: c'est la trésorerie de la société.

Nature juridique de la société (contrat/institution)

La société a une double nature juridique: un contrat et une institution.

Contrat: c'est cet acte qui fait naître la société.

Institution: elle est aussi une personne morale grâce à son immatriculation.

Intérêt social et abus de droit

Définition: l'intérêt social, c'est son propre intérêt, pas celui de ses associés.

Ce sont ses représentants qui agissent en son nom. L'intérêt social est née pour protéger la société contre l'agissement abusif de ses associés (abus de biens sociaux par exemple).

L'abus de droit:

- abus de majorité: c'est lorsque les associés majoritaires favorisent l'intérêt de la majorité. Les sanctions sont l'annulation de la décision et dommages et intérêts
- abus de minorité: c'est lorsque la minorité bloquent les décisions alors qu'elles sont dans l'intérêt de la société

Chapitre 3: La naissance de la société

La naissance de la société

Pour exister, il faut un contrat, c'est-à-dire les statuts. Ils doivent être rédigés sous la forme:
- d'un acte sous seing privé (actes rédigés entre associés)
- d'un acte authentique (acte rédigé par un officier public, comme un notaire)

L'acte doit être signé par tous les associés.

Les statuts doivent contenir:
- la forme juridique de la société
- l'identité de chaque associé et son régime matrimonial
- les apports de chaque associé
- la répartition des parts sociales ou actions
- le montant du CS
- l'objet social
- la dénomination sociale
- le siège social
- la durée de vie
- les modalités de fonctionnement de la société
- depuis la loi PACTE, les statuts peuvent notifier une raison d'être

Le dépôt et blocage des fonds: après la signature des statuts, les associés ouvrent un compte bancaire et y déposent les fonds. La banque pourra donc délivrer un certificat de dépôt de fonds. Les fonds seront alors bloqués jusqu'à ce que la société soit immatriculée.

Après le dépôt des fonds, il faut:
- Publier un avis dans un journal d'annonces légales (JAL)
- Enregistrer les statuts auprès de l'administration fiscale
- Déposer le dossier d'immatriculation au greffe du tribunal de commerce
- Publier au bulletin officiel des annonces civiles et commerciales (BODACC)

Les actes pris par une société en formation

Pendant la période de constitution, il est possible de faire des actes au nom de la société. (par exemple: un contrat de travail, bail commercial,...)

Cependant, le temps que la société soit immatriculée, l'acte est tenu au nom de celui qui l'a accompli. Si plusieurs personnes ont fait l'acte, c'est leur responsabilité qui est engagée de manière solidaire et indéfinie.

Seulement, la société a la possibilité de reprendre ces actes de façon rétroactive si:
- Un état indiquant les actes accomplis sont annexés aux statuts lors de leur signature
- Un mandat spécial a été donné par les associés par acte séparé ou dans les statuts, avant l'immatriculation
- Une décision collective à la majorité des associés a été adopté après l'immatriculation, lors d'une AG.

Identité de la société

La société est identifiable grâce:

- À sa dénomination sociale: c'est le nom de la société. Elle doit être unique.
- À son siège social: c'est le lieu où est domiciliée la société
- À sa la nationalité
- À son patrimoine social: c'est l'ensemble des biens et des dettes de la société
- À sa durée de vie sociale: initialement 99 ans, sa fixation est libre. À l'arrivée du terme, il y a une prorogation, c'est-à-dire une prolongation de la durée
- À sa capacité juridique

Chapitre 4: Le fonctionnement et les contrôles de la société

Les associés

Définition: un associé a cette qualité grâce au titre de propriété, détenu par l'apport fait dans la société. Cela lui donne des droits et des devoirs.

Les droits politiques des associés:

- **Droit à l'information:** un associé, afin de prendre des décisions, a le droit à l'information. Il peut s'agir de documents comptables, PV d'AG,...
- **Droit de vote:** il peut être exercé durant les AG. Il est proportionnel au nombre de parts de l'associé. Il peut y avoir un quorum (nombre minimum d'associés présent en AG) requis pour exercer ce droit.

Les droits financiers des associés:

- **Les réserves:** ce sont les bénéfices réinjectés dans la société non distribués aux associés. il y a les réserves statutaires imposées dans les statuts, les réserves légales (5% minimum du bénéfice pour atteindre un seuil de 10% du capital) et les réserves facultatives.
- **Les dividendes:** l'AGO les déterminent.
- **Le report à nouveau:** c'est un report de la décision.
- **Le boni de liquidation:** c'est la somme partagée entre les associés lors de la liquidation de la société.

Les droits patrimoniaux des associés:

- **La cession des titres de propriété**
- **La transmission pour cause de mort des titres de propriété**

Les responsabilités des associés: la responsabilité des associés de sociétés à risques limité est limitée à leurs apports. Cependant, les associés de sociétés à risque illimité sont tenu des dettes sociales, c'est-à-dire que le patrimoine personnel peut être appelé.

Les dirigeants

Définition: le dirigeant assure la gestion de la société, conclut les contrats et représente la société à l'égard des tiers.

La nomination des dirigeants: il est en principe nommé par les associés, dans les statuts ou par acte séparé. Il faut cependant répondre à plusieurs conditions:

- **Être capable civilement**
- **Être une personne physique ou morale**
- **Ne pas être frappé d'incompatibilité (fonctionnaire et mandat social par exemple)**
- **Ne pas être frappé de déchéance ou interdiction de gérer une société**
- **Ne pas cumuler les mandats dans la SA**

Les pouvoirs: il engage la société vis-à-vis des tiers, au nom de la société. Sa rémunération est soumise à l'approbation des associés.

La fin de mandat des dirigeants: Le mandat peut arriver à terme, le dirigeant peut mourir, démissionner, être dans l'incapacité ou être révoqué, le juge peut le décider, la société peut être dissoute,...

Les responsabilités des dirigeants: Les pouvoirs sont attachés à des responsabilités:

- **Responsabilité civile:** il doit respecter la loi, l'intérêt social et les statuts, sinon il commet une faute. Quand la victime est un tiers, il faut démontrer qu'elle est incompatible avec ses fonctions de dirigeant. Si la victime est la société, un associé ou autre dirigeant peut agir en justice.
- **Responsabilité pénale:** c'est lorsque le dirigeant commet une infraction.
- **Responsabilité fiscale:** c'est lorsqu'il y a fraude fiscale ou manquement aux obligations fiscales.

Les contrôles et sanctions

Les contrôles internes:

Pour éviter qu'un dirigeant profite de ses pouvoirs pour conclure des conventions désavantageuses, il y a un mécanisme d'autorisation à suivre.

Définition: les conventions réglementées ne sont pas courantes, n'ont pas des conditions normales et ne sont pas interdites. Pour ce type de convention, il faut une autorisation au préalable ou a posteriori des associés.

L'expertise en gestion: après la demande d'un ou plusieurs associés dépassant 10% du capital social en SARL ou 5% du capital social dans les sociétés par actions, il est possible de désigner un expert pour examiner des opérations de gestions. Dans les sociétés par actions, il faut préalablement avoir mis en demeure le dirigeant de répondre à des questions écrites.

La procédure d'alerte: cela consiste à poser des questions écrites au dirigeant sur des faits qui peuvent compromettre l'exploitation. Le dirigeant a un délai de 1 mois pour répondre.

Les contrôles externes:

Le rôle du CAC: il vérifie, contrôles les éléments comptables et les certifient. Il établit un rapport complémentaire.

L'obligation de désigner un CAC: si deux des trois seuils suivants sont atteints, il faut nommer un CAC:

- **4 000 000€ de bilan**
- **8 000 000€ de CA HT**
- **50 salariés**

Sinon, en cas de demande en justice par 10% des parts sociales (ou 1 associé en SNC), en AGO.

Le CAC a le droit d'avoir tous les documents, de participer à l'AG, il a l'obligation d'alerte sur des faits compromettant et a l'obligation de révéler des faits délictueux.

Chapitre 5: La disparition de la société

La dissolution de la société

Les causes communes:

- **Arrivée à terme de la société**
- **Réalisation ou extinction de l'objet social**
- **Annulation du contrat de société**
- **Décision anticipée des associés**
- **Justes motifs**
- **Réunion de toutes les parts sociales dans une même main**
- **Liquidation judiciaire**
- **Cause statutaire**
- **Sanction pénale de dissolution**

Les causes spécifiques:

- **En cas d'événements affectant la personne d'un associé: par exemple en cas de décès d'un associé de SNC, si les statuts ou les associés n'en décident pas autrement.**
- **En cas de capital réduit en dessous du minimum légal: 37 000€ en SA et SCA.**
- **En cas de non-respect du seuil légal du nombre d'associés: 7 en SA cotée, 4 en SCA, 100 maximum en SARL.**
- **En cas de perte d'au moins la moitié du capital social.**

Les conséquences de la dissolution

Pour la société, la personne morale disparaît et elle est mise en liquidation.
Pour les associés, ils arrêtent l'exploitation.

Les formalités

Plusieurs étapes:

- **tenue d'une AGE ou décision judiciaire**
- **enregistrement de l'acte auprès des services fiscaux**
- **Publication d'un avis au JAL**
- **dépôt d'un dossier de dissolution au CFE**
- **Publication au RCS et au BODACC**

La liquidation de la société

La liquidation: phase intervenant après la dissolution. Le rôle de la liquidation est d'apurer le passif et de transformer l'actif en numéraire.

Les étapes

Le liquidateur, c'est la personne chargée de la liquidation. Il représente la personne morale, prend tous les actes de gestion, dresse un inventaire des actifs et passifs, transforme l'actif en numéraire, recouvre les créances et rembourse le passif.
Durant la procédure, la personnalité morale survit. En effet, il y a toujours des actes à réaliser. Les actes doivent mentionner "société en liquidation".

Les conséquences de la liquidation

Conséquences patrimoniales: s'il reste de l'actif après le paiement des dettes, alors il y a partage entre les associés.

Conséquences pour la société: elle n'existe plus juridiquement, c'est l'extinction de la personne morale.

Clôture de la liquidation

AG de clôture: dans les 6 mois de la nomination du liquidateur, il rassemble une AG, et présente un rapport de la situation et la poursuite des opérations.

Les formalités: Il faut déposer au greffe du tribunal de commerce les comptes sociaux définitifs et le PV d'AG de clôture. Il faut publier l'avis dans un JAL et demander la radiation au RCS dans le mois suivant la liquidation.

Chapitre 6: La société sans personnalité juridique

Les dispositions régissant l'absence de personnalité juridique de la société

La société a, dès qu'elle est immatriculée au RCS, la personnalité morale. Une société non immatriculée n'a donc pas de personnalité juridique. Il existe 3 types de société sans personnalité juridique (hors les sociétés en cours de création):

- La société en participation
- La société de fait
- La société créée de fait

Ces sociétés sont nées par négligence des associés ou par la volonté des associés.
La société ne peut donc pas contracter, agir en justice ou posséder un patrimoine. Elle n'a pas d'attributs d'identification.

La société en participation

Définition: la société en participation résulte d'une volonté de s'associer mais aussi, de ne pas l'immatriculer. Elle peut être occulte (dissimulée aux tiers) ou ostensible (révélée aux tiers).

Les avantages:

- **La simplicité:** souplesse de création, de fonctionnement et à la dissolution.
- **Discrétion:** vis-à-vis des tiers

Fonctionnement:

A défaut: le mode de fonctionnement est celui de la SNC si commerciale, celui de la société civile si activité civile.

Elle ne peut pas agir en justice. Sa durée de vie n'est limitée que par la volonté des participants. La gérance est libre. Les contrats passés engage le dirigeant ou l'associé signataire. Les bien sont indivis. Les dirigeants sont affiliés TNS.

La dissolution:

- Toutes les causes de dissolution d'une société
- À la demande d'un associés
- Au décès d'un participant ou révocation de gérant (si l'activité est commerciale)

Il n'y a pas de liquidation, mais des arrêtés de comptes ainsi qu'un partage des bénéfices et des biens.

La société de fait

Définition: elle est créée par les associés dans le but d'entreprendre en commun. Une irrégularité entache son existence. Elle est ostensible si les membres agissent en tant qu'associé à l'égard des tiers.

La nullité intervient si:
- **Les statuts oublient une mention obligatoire**
- **Le capital social n'est pas déposé**
- **Si l'annonce légale oublie une mention obligatoire**
- **Si manque d'intuitu personae**

Le fonctionnement est le même que la société en participation, sauf qu'elle est déclarée au RCS.

La société créée de fait

Définition: elle correspond à la situation d'au moins 2 personnes qui se comportent comme des associés sans avoir créé de contrat de société.

Elle nécessite 2 associés minimum, l'existence d'apports, l'intention de collaborer. Le fonctionnement est le même que la société en participation.

Chapitre 7: La SARL

La constitution de la SARL

Définition: c'est une société à risque limité et un fort affectio societatis.

Les associés: ils peuvent être entre 2 et 100. Si ce nombre est dépassé, la société a 1 an pour se mettre en règle. Ils n'ont pas la qualité de commerçant, peuvent être mineur, physique ou moral.

Le capital social et les apports: Le capital est déterminé par les statuts et divisé en parts sociales. Il n'y a plus de capital minimum et tous les types d'apports sont possibles:

- **Apports en numéraire:** c'est une somme d'argent. 1/5 des apports doivent être libérés à la constitution et le solde dans les 5 ans.
- **Apports en nature:** ce sont des biens. Les statuts doivent contenir l'évaluation de chaque apport lorsqu'il dépasse 30 000€.
- **Apports en industrie:** ce sont des connaissances, une notoriété, de l'expérience. Ce type d'apport n'augmente pas le capital social. Les statuts doivent indiquer la nature et la durée de la prestation, ainsi que le nombre de parts sociales reçu et les droits aux dividendes et au partage de l'actif qui en résultent. Souvent, la part sociale de l'apporteur est équivalente à celle de l'associé qui a le moins apporté. Il est conseillé de faire intervenir un commissaire aux apports pour ce type d'apport.

Les obligations nominatives: il est interdit en SARL d'émettre des valeurs mobilières. Elle peut cependant émettre des obligations si:

- L'offre n'est pas publique
- Elle dispose d'un CAC
- Les 3 derniers exercices sont approuvés par les associés
- Les obligations sont nominatives
- La décision est prise en AG par la majorité
- Elle respecte un certain formalisme

L'objet social: il est déterminé par les statuts. Toute activité économique peut se faire sous forme de SARL, mais certains secteurs comme la banque, l'assurance, sont interdits.

La dénomination sociale: elle est libre. Il faut faire apparaître le sigle SARL.

Les conditions de forme: pour la création de la SARL, il faut suivre la procédure suivante:

- **Projet de statuts**
- **Dépôt du capital social (minimum 1/5)**
- **Signature des statuts**
- **Publicité dans un JAL**
- **Demande d'immatriculation au greffe du tribunal de commerce**

Le fonctionnement de la SARL

Les associés:

Les droits des associés: Les associés ont 2 types de droit:

- **droits politiques:**
  - Le droit à la communication du rapport de gestion, de l'inventaire, des comptes annuels, du rapport du CAC.
  - Participer aux AG et approuver le rapport de gestion, les comptes et l'inventaire.
  - Le droit de poser des questions écrites au gérant, qui doit y répondre lors de l'AG.
  - Le droit de poser des questions 2 fois par exercice sur tout fait de nature à compromettre la continuité de l'exploitation.

- Demander en justice la désignation d'un expert chargé de vérifier des opérations de gestion (minimum 1/10 du capital social pour faire la demande).
- **Droits pécuniaires:**
  - **Distributions des dividendes**
  - **Remboursement de l'apport**
  - **Boni de liquidation**

Les assemblées des associés: les associés sont convoqués par le gérant 15 jours avant l'AG minimum. Des associés avec la moitié des parts ou représentant 10% des associés peuvent demander une assemblée. Les AG permettent de discuter des résolutions.

Le vote des associés: tout associé a le droit de vote, qui sera proportionnel à ses parts sociales. Il a le droit de se faire représenter par son conjoint ou par un autre associé (si plus de deux associés). Pour que les décisions soient adoptées, il faut qu'elles soient acceptées par plus de la moitié des parts sociales (sauf pour changement de nationalité qui se fait à l'unanimité, la modification des statuts qui se fait à la majorité des ¾ et l'augmentation du capital qui se fait à la majorité d'au moins la moitié des parts sociales).

La cession des parts des associés: les parts provenant d'apports en industrie ne sont pas cessibles. Les parts sont librement cessibles par voie de succession, entre conjoints, entre ascendants et descendants et entre associé. Les statuts peuvent prévoir un agrément pour que la cession soit valable. La cession à un tiers impose l'agrément de la majorité des associés représentant ½ des parts sociales. Pour la cession, le cédant le notifie aux associés. Le gérant convoque les associés dans les 8 jours. La société fait alors connaître sa décision dans les 3 mois (prolongeable jusqu'à 6 mois). Il y a deux types d'autorisation:
- **l'autorisation expresse:** la société autorise la cession
- **l'autorisation tacite:** la société n'a pas répondu dans les délais, l'agrément est donc acquis.

En cas de refus d'agrément, le cédant peut se repentir. Sinon, si ses parts sont détenu depuis 2 ans:
- **Les associés doivent acquérir ou faire acquérir ses parts dans un délai 6 mois.**
- **La société rachète les parts et les suppriment.**

Si aucune des 2 possibilités n'est réalisée dans les 3 mois, la cession au tiers a lieu, c'est une autorisation par déchéance.

La responsabilité des associés: elle est limitée aux apports.

La gérance:

Les qualités de gérant: En SARL, le gérant doit être une personne physique, capable juridiquement. Il peut être un associé ou un tiers. Il peut y avoir un ou plusieurs gérants.

La désignation: elle se fait dans les statuts ou par un acte séparé. Il est nommé à la majorité de plus de la moitié des parts sociales.

Les pouvoirs du gérant: il fait les actes de gestion. Il agit au nom de la société en respectant la loi et les statuts. En cas d'acte qui ne respectent pas les statuts, 2 hypothèses sont possibles:
- **Si l'objet social n'est pas respecté:** la société est engagée sauf si elle prouve que le tiers savait que l'acte dépassait l'objet.
- **Si la clause qui limite les pouvoirs du dirigeant n'est pas respecté:** la société reste engagée car clause inopposable aux tiers.

La société reste donc toujours engagée mais peut engager la responsabilité civile du dirigeant.

la responsabilité du dirigeant:

- **La responsabilité civile:** il est responsable des infractions aux lois, des violations des statuts et des fautes de gestion. Les associés peuvent demander réparation du préjudice. Il y a prescription après 3 ans.
- **La responsabilité pénale:** le gérant risque des sanctions si:
  - Il émet des valeurs mobilières
  - Il a opéré à une répartition fictive de dividendes
  - Il a présenté des comptes annuels frauduleux ne représentant pas la réalité
  - Il a commis des abus de biens sociaux
  - Il n'a pas dressé l'inventaire, les comptes annuels ou le rapport de gestion

Le cumul mandat social/contrat de travail: le contrat de travail, pour être effectif, doit réunir ces conditions cumulatives:

- Un travail effectif donc sérieux et sincère
- Les fonctions exercées dans le cadre du contrat sont distinctes de celle exercées dans le cadre de la fonction de dirigeant
- Les rémunérations doivent être distinctes
- Il faut un lien de subrogation entre le dirigeant et la société (si il est associé majoritaire, pas de lien de subrogation donc pas de cumul possible)
- Le contrat ne doit pas avoir de clauses étrangères ou inhabituelles

La révocation du gérant: le mandat prend fin lors de:

- l'arrivée du terme
- Un empêchement
- Démission
- Décès
- Révocation

La décision de révoquer se fait en AG, à la majorité. Si la révocation est abusive, il y a dommages et intérêts. Le gérant doit pouvoir se défendre. La décision se fait sur juste motif (une faute, infraction, mésentente). Si le gérant représente plus de 50% du capital social, il peut être révoqué judiciairement après la demande d'un associé si cause légitime.

Le contrôle de la SARL

CAC: si deux des trois seuils suivants sont atteints, un CAC doit être nommé:

- **4 000 000€ de bilan**
- **8 000 000€ de CA HT**
- **50 salariés**

Un CAC peut aussi être nommé sur décision de justice à la demande d'au moins 1/10ème du capital, ou sur demande motivée par ⅓ du capital. Le CAC est nommé pour 6 exercices.

Les conventions:

- **Libres:** ce sont les opérations courantes conclues normalement. Elles ne sont pas soumises à une quelconque approbation.
- **Interdites:** il est interdit de contracter un emprunt à la SARL ou de se faire consentir un découvert. La convention est donc nulle.
- **Réglementées:** le gérant ou le CAC présente à l'assemblée un rapport de ces conventions. Les conventions sont approuvées ou non. C'est un contrôle a posteriori. Les conventions non approuvées ne sont pas annulées, mais c'est l'associé qui supporte individuellement les conséquences.

La dissolution de la SARL

Les causes sont nombreuses:
- **dissolution volontaire par décision unanime des associés**
- **dissolution involontaire et anticipée: si plus de 100 associés et pas de régularisation, si les capitaux propres sont inférieurs à ½ du capital social**
- **dissolution demandée en justice: si le gérant ou CAC n'ont pas provoqué de décision, si les associés n'ont pas pu délibérer, si la société n'a pas pu réduire son capital dans les délais**

La dissolution entraîne la liquidation.

La transformation de la SARL

La SARL peut être transformée en SNC avec accord unanime des associés. Elle peut aussi être transformée en SA, à la majorité des ¾ ou décisions des associés représentant la majorité des parts si les capitaux propres sont supérieurs à 750 000€.

Chapitre 8: L'EURL

La constitution

Définition: l'entreprise unipersonnelle à responsabilité limitée, ou EURL, protège le patrimoine personnel de l'associé unique. Son fonctionnement est simplifié.

L'associé: il n'y en a qu'un seul, il n'a pas la qualité de commerçant, il peut être mineur, physique ou morale.

Le capital et les apports: pas de capital minimum. 1/5 des apports doit être libérés lors de la constitution et le solde dans les 5 ans.

Les obligations nominatives: l'EURL ne peut pas émettre de valeurs mobilières, elle peut émettre des obligations à condition qu'elle:

- Ne procède pas à une offre au public de ces obligations
- Dispose d'un CAC
- A ses comptes des 3 derniers exercices approuvés par l'associé
- Nomine les obligations (il faut connaître le nom du porteur)
- Prenne la décision en AG
- Respecte un certains formalisme

L'objet social: les statuts le détermine, il est pour une activité civile ou commerciale.

Les conditions de formes:

- Projet de statuts
- Dépôt du capital social, minimum 1/5
- Signature des statuts
- Publicité dans un JAL
- Demande d'immatriculation au greffe

Le fonctionnement de l'EURL

Les décisions de l'associé: les décisions sont unilatérales et enregistrées dans le registre des décisions.

La gérance: le gérant doit obligatoirement être une personne physique, associé ou tiers. Il doit être révoqué par juste motif, et le principe du contradictoire doit être appliqué (le gérant doit présenter sa défense, sinon dommage et intérêt).

Régime fiscal: de base à l'IR, mais option à l'IS (option irrévocable). Si associé personne morale, alors obligatoirement à l'IS.

Le contrôle de l'EURL

La nomination d'un CAC est obligatoire si deux des trois seuils suivants sont dépassés:

- 4 000 000€ de bilan
- 8 000 000€ de CA HT
- 50 salariés

les conventions:

- libres si elles portent sur des opérations courantes
- interdites
- règlementées et mentionnées sur le registre de décision et approuvées par l'associé

Transformation de l'EURL ou d'une société en EURL

L'EURL peut être transformée en SARL ou SAS ou SASU, si l'associé le mentionne. Un CAC établit un rapport de transformation, ce qui atteste l'actif et passif.

Une SARL peut être transformée en EURL en cas de réunion en une seule main des parts. La transformation est réalisée après le dépôt de l'acte de cession au SS et au greffe.

Chapitre 9: La SA

La constitution de la SA

Définition: c'est une société de capitaux et commerciale. Le capital est constitué d'actions donc pas d'intuitu personae. Elle peut accéder aux marchés financiers pour l'émission d'actions. Elle peut suivre 2 formes différentes:
- **Moniste:** classique, formée d'un conseil d'administration
- **Dualiste:** moderne, formée d'un conseil de surveillance et d'un directoire. Son avantage est la distinction entre la gestion et le contrôle.

Sa constitution est plus complexe que celle de sociétés de personnes car elle doit respecter des règles spécifiques.

Les conditions de fond:

Les actionnaires: ils sont minimums 2 pour une SA non cotée et 7 en SA cotée. Il n'y a pas de maximum, car vocation à en avoir beaucoup. Ils peuvent être morales ou physiques, n'ont pas la capacité de commerçant mais civile. Ils peuvent donc être mineurs ou majeurs incapables.

Le capital social et les apports: il est déterminé par les statuts et est divisé en actions. Il est de minimum 37 000€. Les apports en industrie sont interdits. La SA peut faire une offre au public de titres financiers. Concernant les apports:
- **En numéraire:** ils doivent être entièrement souscrit lors de la constitution. La moitié minimum des apports doit être libérée lors de la constitution et le solde dans les 5 ans qui suivent.
- **En nature:** il y a des règles afin d'éviter les surévaluations de ce type d'apport. Un rapport d'un commissaire aux apports désigné à l'unanimité par les actionnaires (ou par décision de justice) doit être annexé aux statuts et mentionner l'évaluation de chaque apport. Toute surévaluation d'un apport est passible de 5 ans d'emprisonnement et 9 000€ d'amende. L'appel d'un commissaire aux apports n'est pas obligatoire dans les SA cotée en Bourse si:
  - Les apports ne sont que des valeurs mobilières cotées
  - Les autres types de biens ont déjà fait l'objet d'une évaluation d'un commissaire aux apports dans les 6 mois avant la réalisation de cet apport

L'objet social: il doit être licite, possible et inscrit dans les statuts. Toute activité peut être exercée en SA sauf celles réservées à des formes juridiques spécifiques (tabac et laboratoires par exemple). Il est obligatoire pour les activités d'assurance, d'économie mixte locale, de crédit différé et d'investissement en valeurs mobilières d'être en SA.

La dénomination sociale: elle est libre et le sigle société anonyme ou SA doit apparaître.

Les conditions de forme:

Les conditions de forme sont classiques pour la SA non cotée et spéciales pour la SA cotée. Les actionnaires fondateurs doivent communiquer aux souscripteurs:
- un projet de statuts qui sera déposer au greffe du tribunal de commerce
- une notice, comportant le montant du capital, la valeur nominale des actions, le délai pour la souscription. Ce sera publié ou Bulletin des annonces légales obligatoires (BALO)
- une note d'information (prospectus): autorisée par l'AMF et publiée au BALO.

La souscription a lieu et constatée par un bulletin de souscription. Le versement ce fait chez un dépositaire (banque, notaire) contre un certificat. Les actionnaires fondateurs convoquent les autres actionnaires 8 jours avant l'AG constitutive. C'est à ce moment que les statuts sont adoptés. Les règles de quorum sont les mêmes que lors d'une AGE. Les formalités classiques sont: publication dans un JAL, demande d'immatriculation au CFE ou greffe du tribunal de commerce et insertion au BODACC.

Les sanctions pour non-respect des conditions de constitution de la SA:

Les sanctions civiles: le non-respect des conditions de validité du contrat entraîne la nullité et la dissolution. L'inobservation des exigences spécifiques n'est pas sanctionnée de la nullité, mais tout intéressé peut demander la dissolution si pas de régularisation. La prescription est de 3 ans. Cette inobservation entraîne l'engagement de la responsabilité civile des actionnaires fondateurs, des dirigeants et du CAC, et permet des dommages et intérêts en cas de préjudice.

Les sanctions pénales: la surévaluation d'un apport, la négociation d'actions non libérées sont des infractions.

Le fonctionnement de la SA

Organes de gouvernance de la structure traditionnelle:

La SA moniste est gérée par un organe collégial, le conseil d'administration (ou CA). Il prend les décisions importantes mais c'est le président assisté par un ou des directeurs généraux qui assurent la gestion quotidienne.

Le conseil d'administration:

- **Sa composition**: il y a entre 3 et 18 membres, en cherchant la parité H/F. Quand la SA est cotée ou +250 salariés et CA ou bilan supérieur à 50M d'€ pour le 3ème exercice consécutif, les femmes doivent représenter 40% minimum des administrateurs. En cas de non-respect, il peut y avoir des sanctions financières comme la suspension de rémunération des administrateurs et la nullité des délibérations et nominations (sauf celles concernant un membre féminin).
- **Qualité des administrateurs**:
  - Ils peuvent être personne morale ou physique. Si un administrateur est une personne morale, il faut un représentant permanent obligatoirement une personne physique.
  - Ils peuvent être actionnaires ou non sauf mention dans les statuts. Un nombre d'actions peut être requis pour être administrateur. Si nomination et pas le bon nombre d'actions, il faut régulariser dans les 6 mois sinon démission.
  - Les statuts peuvent prévoir une limite d'âge, sinon il ne faut pas plus d'un tiers des administrateurs de plus de 70 ans.
  - L'administrateur doit être majeur et capable. Certaines professions sont incompatibles avec la fonction d'administrateur: fonctionnaire, membre du gouvernement, huissier,...
  - Une personne physique ne peut pas exercer plus de 5 mandats d'administrateur dans des SA françaises. Aucune limite pour les sociétés contrôlées et pour les administrateurs personnes morales.

- Nomination des administrateurs: les premiers sont nommés dans les statuts, sinon en cours de vie de la société, ils sont nommés en AGO. La nomination est publiée au RCS et JAL dans le mois suivant ainsi que déposée au greffe du tribunal de commerce et publication au BODACC.
- Durée du mandat d'administrateur: mentionnée dans les statuts et ne pouvant pas excéder 6 ans. À la fin du mandat, ils sont rééligibles.
- Rémunération du mandat d'administrateur: un administrateur peut être bénévole. Cependant, une rémunération, fixée en AGO par les actionnaires, est partagée entre les administrateurs en fonction de l'assiduité. Il est possible de recevoir une rémunération exceptionnelle et d'avoir d'autres avantages (salaire, nature). Cela ne peut cependant pas être excessive (sinon délit d'abus de biens sociaux) et doivent correspondre à des fonctions effectives. Cette rémunération est soumise dans la catégorie revenus capitaux mobiliers mais pas aux cotisations sociales.
- Cumul mandat administrateur/contrat de travail: c'est possible si le contrat est antérieur au mandat (pas besoin de respecter cette condition si SA de moins de 250 salariés et CA HT < 50M d'€). Il faut maximum ⅓ des administrateurs avec un contrat de travail. Il faut que le cumul respecte les règles classiques.
- Cessation des fonctions du mandat d'administrateur: cela peut prendre fin lors du décès, atteinte de la limite d'âge, terme du mandat, démission, révocation,... La démission n'a pas à être motivée, mais pas intempestive. La révocation peut être à tout moment et ad nutum (immédiatement) en AGO, décidée à la majorité. Elle ne doit pas être injurieuse ou vexatoire sinon il y a des dommages et intérêts.

Le président du conseil d'administration (PCA):
- Qualité du PCA: obligatoirement une personne physique et administrateur. Les statuts prévoient une limite d'âge, sinon elle est fixée à 65 ans. Il doit être majeur et capable.
- Nomination du PCA: il est élu par le conseil d'administration.
- Durée du mandat du PCA: elle ne peut pas excéder celle du mandat d'administrateur. Il est rééligible.
- Rémunération du mandat de PCA: il peut être rémunéré ou bénévole. La rémunération est fixée par le CA et ne doit pas être excessive.
- Cumul des fonctions du mandat de PCA et contrat de travail: c'est possible, mêmes conditions qu'un administrateur.
- Cessations des fonctions du mandat de PCA: perte de la qualité d'administrateur, limite d'âge, terme du mandat, décès, démission, révocation,... Il est révocable à tout moment par le CA par la majorité et ad nutum. Si la révocation est abusive, il peut y avoir dommages-intérêts.

Le directeur général (DG) ou directeur général délégué (DGD):
- Qualité du DG: c'est obligatoirement une personne physique, majeur et capable. Il n'a pas l'obligation d'être actionnaire ou administrateur sauf disposition contraire dans les statuts. 65 ans est la limite d'âge de base, les statuts peuvent en fixée une autre. Il ne peut être DG que d'une SA cotée en bourse (pas de cumul) et de 5 SA non cotées et sociétés contrôlées.
- Nomination du DG: par le conseil d'administration.
- Durée du mandat de DG: pas obligatoire mais les statuts peuvent en prévoir.
- Rémunération du mandat de DG: il peut être bénévole. S'il est rémunéré, elle est fixée par le CA sans qu'elle soit excessive.

- **Cumul mandat de DG/contrat de travail:** Si le DG est administrateur, le contrat doit être antérieur à son mandat. S'il ne l'est pas, alors le contrat peut être postérieur et doit être validé par le CA. Le contrat de travail doit respecter les conditions classiques du cumul.
- **Cessation des fonctions du mandat de DG:** pareil que PCA et il peut être révoqué à juste motif sauf s'il est aussi PCA.

La forme de SA dualiste permet de confier la gestion quotidienne au directoire et le contrôle au conseil de surveillance.

Le directoire:
- **Composition du directoire:** 5 membres au maximum pour une SA non cotée, 7 pour une cotée. Il peut y avoir un membre unique lorsque la SA a un capital social inférieur à 150 000€. Il y a parmi eux, le président.
- **Qualité des membres du directoire:** ils doivent être des personnes physiques, majeurs et capables. Une limite d'âge peut être fixée dans les statuts mais sinon elle est de base à 65 ans. Concernant les mandats, un membre ne peut pas exercer plus d'un mandat dans une SA cotée, 2 en SA non cotée, et un mandat supplémentaire dans une société contrôlée (filiale). Une personne physique ne peut pas cumuler plus de 5 mandats sociaux.
- **Nomination des membres du directoire:** nommés par le conseil de surveillance.
- **Durée du mandat des membres du directoire:** les statuts peuvent fixer une durée entre 2 et 6 ans, sinon elle sera de 4 ans.
- **Rémunération du mandat de membre du directoire:** elle est fixée par le conseil de surveillance.
- **Cumul des mandats de membre/contrat de travail:** il est possible de cumuler dans des conditions classiques.
- **Cessation des fonctions du mandat de membre du directoire:** il prend fin pour les raisons classiques. La révocation est faite en AGO et votée à la majorité (sauf clause prévoyant plus). Elle doit avoir un juste motif sinon dommages-intérêts.

Le conseil de surveillance:
- **Composition du conseil de surveillance:** Il doit y avoir entre 3 et 18 membres (sauf si fusion, il peut aller jusqu'à 24 pendant 3 ans). Lorsque la SA est cotée, ou emploie plus de 250 salariés et que le bilan ou CA HT est supérieur à 50M d'€ depuis 3 ans, le nombre de femmes doit être supérieur ou égal à 40%. Les membres désignent un président et vice-président qui convoque le conseil et dirige les débats.
- **Qualités des membres du conseil de surveillance:** personne physique ou morale (désignation d'un représentant permanent), majeur et capable. Ils peuvent être actionnaires ou non sauf disposition contraire dans les statuts, qui peuvent aussi fixer un nombre d'actions à posséder. Si ce nombre n'est pas atteint lors de la nomination, régularisation dans les 6 mois ou démissionnaire. Les statuts peuvent prévoir une limite d'âge sinon, il ne faut pas plus d'1/3 des membres ayant plus de 70 ans. Pour le cumul des mandats, pas plus de 5 mandats pour les SA en France (pour les filiales, mandats illimités).
- **Nomination des membres du conseil de surveillance:** nommés durant l'AG constitutive ou en AGO.
- **Durée du mandat de membre du CS:** déterminée dans les statuts et inférieure à 6 ans, et rééligibles.
- **Rémunération du mandat de membre du CS:** l'AG la détermine.
- **Cumul mandat de membre/contrat de travail:** possible dans les mêmes conditions qu'un administrateur.

- Cessation du mandat de membre du CS: conditions classiques. La révocation est prononcée en AGO, décidée par la majorité (sauf clause prévoyant plus), ad nutum mais pas de condition vexatoire car sinon dommages-intérêts.

Les pouvoirs du conseil d'administration:
- il détermine l'orientation de la société et de l'activité et veille à leur mise en œuvre
- le conseil se réunit à une fréquence mentionnée dans les statuts. Il est convoqué par le dirigeant normalement, mais un tiers peut le convoqué si il n'y a pas eu de conseil depuis 2 mois
- droit à la communication des documents et droit à l'information (comptes comptables, bilan, rapport de gestion)
- quorum: minimum la moitié des membres pour délibéré sachant que la voix du PCA est prépondérante en cas d'égalité
- décision prise à la majorité

Les pouvoirs du président du conseil d'administration:
- il représente le conseil
- se charge du bon fonctionnement et du bon fonctionnement des autres organes
- il est limité par l'objet social et les clauses qui limitent son pouvoir

Les pouvoirs du directeur général ou DGD:
- il représente la SA et se charge des relations extérieures
- il a les pouvoirs les plus étendus, dans la limite de l'objet social et des clauses limitant son pouvoir
- la SA reste engagée lors d'actes dépassant l'objet social sauf si le tiers en avait conscience
- le DGD a les mêmes pouvoirs vis-à-vis des tiers

Les pouvoirs du directoire:
- il dispose des pouvoirs les plus étendus et agit au nom de la société, détermine l'orientation et prend les décisions de gestion courante
- il représente la SA à l'égard des tiers
- il est limité par l'objet social et les clauses qui limitent son pouvoir
- La SA reste engagée par des actes dépassant l'objet social sauf si le tiers en avait conscience
- il est chargé de présenter un rapport une fois par trimestre, le rapport de gestion à l'assemblée des actionnaires et de convoquer l'AG d'approbation des comptes
- les décisions sont prises par la majorité (sauf contraire dans les statuts) en respectant un quorum

Les pouvoirs du conseil de surveillance:
- il exerce un contrôle permanent de la gestion de la société
- il nomme les membres du directoire
- il fixe la rémunération des membres du directoire
- il choisit le président du directoire
- pas de pouvoir vis-à-vis des tiers donc pas d'engagement de la société dans des actes

décision prise à la majorité en respectant un quorum d'au moins la moitié des membres présents

L'engagement de la responsabilité civile: la responsabilité est individuelle sauf faute collective. On distingue l'action sociale et l'action individuelle:

- **L'action individuelle est fondée sur un préjudice individuel, causé par un membre d'un organe de gouvernance à un actionnaire ou tiers.**
- **L'action sociale est fondée sur un préjudice touchant la société. Les organes de gouvernance doivent agir en justice contre le fautif. Les dommages-intérêts iront à la société.**

Il y a prescription au bout de 3 ans.

L'engagement de la responsabilité pénale: délits et infractions classiques: abus de biens sociaux, dividendes fictifs,...

Les droits des actionnaires: ils ont des droits politiques et pécuniaires:

- **les droits politiques:**
  - **droit à l'information:**
    - **permanente: demande de communication des documents présentés en AG (comptes annuels, bilan, rapport de gestion) et PV des derniers exercices**
    - **occasionnelles: 15 jours avant l'AG, les actionnaires peuvent prendre connaissance de la liste d'administrateurs, des comptes, des rapports, des résolutions proposées et la liste des rémunérations des mieux payés**
    - **questions écrites aux dirigeants: dès la convocation à l'AG, possibilité de poser des questions**
    - **question écrite 2 fois maximum par exercice au président du CA sur des faits compromettant la continuité de l'exploitation à condition de posséder au moins 5% du capital**
  - **droit à la désignation d'un expert: un ou plusieurs actionnaires représentant minimum 5% du capital peuvent demande un rapport à un expert sur des opérations de gestion.**
  - **droit de vote: toute action vaut une voix.**
- **les droits pécuniaires:**
  - **un droit aux dividendes**
  - **un droit au boni de liquidation ou actions gratuites si augmentation de capital**
  - **un droit préférentiel de souscription**

Les assemblées des actionnaires:

- **AG constitutive: elle est obligatoire si SA cotée, elle fait adopter les statuts, nomme les administrateurs évalue les apports en nature**
- **AGO: décisions courantes et approbation des comptes**
- **AGE: modification des statuts et de la nationalité de la société**

La convocation est faite par le DG, le CA ou le directoire. Elle est faite 15 jours avant l'AG aux actionnaires et CAC.

La tenue des assemblées: elle est présidée par le PCA ou PCS, ou s'il est absent, par la personne désignée dans les statuts. Une feuille de présence est dressée pour les actionnaires. Un actionnaire peut se faire représenter. Un vote à distance est aussi possible si l'actionnaire le demande. Il n'y a pas de délibération sur des questions qui ne sont pas à l'ordre du jour sauf révocation. Un PV est fait et déposé au greffe du tribunal de commerce.

Il y a plusieurs règles de vote:
- le quorum: il est différent selon le type d'assemblée:
  - AGO: 1/5 des actions de la SA pour la première convocation, pas de quorum pour la deuxième
  - AGE: ¼ pour la première convocation, 1/5 pour la deuxième, reportée à 2 mois si nécessaire
- les conditions de majorité: elle est différente selon le type d'assemblée:
  - AGO: majorité des voix présente
  - AGE: majorité des ⅔ des voix présentes

La cession d'action:
Toutes les parts sont cessibles. Elles sont librement transmissibles. Cependant, les statuts peuvent insérer une clause d'agrément en notifiant l'organe répondant à la demande d'agrément, la procédure à suivre, les modalités de vote et les conséquences d'un refus d'agrément.
La procédure de cession est prévue dans les statuts. Si la SA rachète des actions elle doit les annuler ou les vendre dans les 3 mois.
La responsabilité des actionnaires: elle est limitée aux apports.

Le contrôle de la SA

Le contrôle par les actionnaires: un ou plusieurs actionnaires représentant au moins 5% du capital social peuvent:
- désigner un mandataire qui convoquera l'AG
- poser 2 fois par exercice des questions écrites "d'alertes"
- obtenir en justice la récusation d'un CAC et la nomination d'un autre CAC
- demander en justice la nomination d'un expert qui fera un rapport sur des opérations de gestions
- demander l'inscription de projets et résolution à l'ordre du jour des AG

Le CAC: une nomination de CAC est obligatoire lorsque 2 des 3 seuils suivants sont atteints:
- 4 000 000€ de bilan
- 8 000 000€ de CA HT
- 50 salariés

Sinon, si des actionnaires représentant 10% du capital peuvent demander la nomination en justice. La nomination peut aussi être prévue dans les statuts et se fait en AGO.
Les conventions: celles libres et interdites fonctionnent comme dans les autres types de société (nullité si interdite).

Les conventions réglementées concernent les membres de la gouvernance, un actionnaire détenant plus de 10% du capital ou la société contrôlante. La procédure est la suivante:
- il faut l'autorisation préalable
- l'intéressé informe le conseil
- le CAC ou président fait un rapport sur ces conventions
- l'AG autorise ou non

Une convention non approuvée fait que l'intéressé est responsable des potentiels préjudices.

La dissolution de la SA

La SA est dissoute pour les raisons communes ou par:
- **dissolution volontaire, vote unanime des actionnaires**
- **dissolution involontaire et anticipée, capitaux propres inférieurs à la moitié du capital social, capital social inférieur à 37 000€ et non régularisé.**

Cela entraîne la liquidation et les formalités prévues. Si la SA est cotée, il y aura publication dans un JAL et au BALO et BODACC.

La transformation de la SA

Transformation obligatoire: Si elle ne comporte plus les caractéristiques de cette forme de société (capital et nombre d'associés minimum) et qu'il n'y a pas eu de régularisation pendant 1 an.

Transformation volontaire: une SA peut se transformer en une autre forme de société si:
- **elle a au moins 2 ans d'existence**
- **les 2 premiers exercices sont approuvés par les actionnaires**

La décision est précédée d'un rapport du CAC attestant que capitaux propres=capital social. Il faut l'approbation des assemblées. Pour la transformer en SNC, il faut l'accord unanime. Sinon, pour les autres transformations, il faut suivre les conditions prévues dans les statuts.

Chapitre 10: La SAS et la SASU

La constitution de la SAS et de la SASU

Les associés: au minimum 2 associés pour une SAS (1 pour une SASU). Pas de maximum mais souvent le nombre d'associés est peu élevé car fort intuitu personae. Les associés peuvent être des personnes morales ou physiques, n'ont pas la qualité de commerçant mais la capacité civile, donc peuvent être mineurs.

Le capital social et les apports: le capital social et divisé en actions. Il n'y a pas de capital minimum. La SAS ne peut faire d'offre au public de titres financiers. Les 3 types d'apports sont acceptés.

L'objet social: ce sont les statuts qui le déterminent. Toute activité économique est possible en SAS.

La dénomination sociale: Elle est libre et le sigle SAS doit apparaître.

Les conditions de forme: comme toute autre société, la création d'une SAS suit la procédure suivante:
- projet de statuts
- dépôt du capital social (au minimum la moitié)
- signature des statuts
- publicité dans un JAL
- demande d'immatriculation

Le fonctionnement de la SAS et de la SASU

La SAS confère aux associés une liberté dans son organisation et dans son fonctionnement.

Les associés:

Les droits des associés:
- droits politiques:
  - droit à la communication du rapport de gestion, l'inventaire et les comptes annuels pendant l'AG
  - droit à l'approbation du rapport de gestion, de l'inventaire et des comptes annuels maximum 6 mois après la clôture
  - poser des questions écrites au président 2 fois par exercice si 5% du capital social
  - demander la désignation d'un expert pour un rapport sur des opérations de gestion si 5% du capital social
- droits pécuniaires:
  - distributions de dividendes
  - remboursement de l'apport
  - boni de liquidation

Les assemblées des associés: les statuts déterminent les décisions prises collectivement en plus des décisions suivantes:
- approbation des comptes
- augmentation, amortissement ou réduction du capital social
- fusion scission dissolution de la société
- transformation
- toute autre décision prise à l'unanimité

Ils sont convoqués par l'organe désigné par les statuts, souvent le président. En SASU, l'associé unique répertorie les décisions dans un registre. Si l'associé unique est aussi le président, alors il est possible de ne pas faire d'AG d'approbation des comptes.

La cession des parts des associés: toutes les parts sont cessibles sauf celles provenant d'apports en industrie qui sont annulées si cession. Les actions sont librement transmissibles. Les statuts peuvent cependant restreindre cette liberté avec différentes clauses:

- clause d'inaliénabilité ou incessibilité: interdit la cession d'action, limité à 10 ans par la loi. Cette clause est modifiable qu'avec l'unanimité des associés
- clause d'agrément: elle soumet les cessions à l'autorisation préalable des associés
- clause d'exclusion: l'associé est obligé de céder ses parts, si comportement fautif par exemple
- clause de préemption: permet de proposer la vente ou donation des parts en priorité aux associés présents dans la SAS.

La procédure de cession est prévue dans les statuts. Lorsque les parts sont rachetées par la SAS, elle a 6 mois pour les céder ou les annuler.

La responsabilité des associés: elle est limitée aux apports.

La direction:

Ce sont les statuts qui fixent les conditions, la seule exigence est la nomination d'un président.

Les qualités du président: il est une personne physique ou morale. Il est capable juridiquement, est un associé ou un tiers.

La désignation du président: elle se fait selon les statuts.

Les pouvoirs du président: il a les pouvoirs les plus étendus et agit au nom de la société, tout en respectant les statuts et l'objet social. Si il engage la SAS dans un acte sans respecter les statuts, 2 situations possibles:

- si l'acte ne respecte pas l'objet social, la société reste engagée à moins qu'elle ne prouve que le tiers savait le dépassement de l'objet
- si l'acte ne respecte pas la clause qui limite ses pouvoirs, la société reste engagée.

La société reste tout le temps engagée mais peut ensuite engager la responsabilité du président.

La responsabilité du président: Il est responsable des infractions, des violations de statuts et des fautes de gestion commises. Les associés peuvent demander réparation du préjudice (action individuelle) mais aussi intenter une action sociale au tribunal de commerce (1 associé ou plusieurs associés détenant 5% du capital social). Les dommages et intérêt reviennent à la société. Le président est aussi responsable pénalement.

Le cumul mandat social/contrat de travail: en SASU, il est impossible pour le président de cumuler contrat de travail et mandat social. En SAS, ce cumul est contrôlé. Les conditions cumulatives sont:

- le travail doit être effectif, donc sérieux et sincère
- les fonctions exercées doivent être distinctes de celles exercées dans le mandat social
- les rémunérations doivent être distinctes
- il faut un lien de subordination entre le dirigeant et la société (par exemple s'il est associé majoritaire, pas de lien de subordination donc pas de cumul)
- il ne doit pas y avoir de clauses étrangères

Si ces clauses ne sont pas respectées, le contrat est annulé ou suspendu.

La révocation du président: le mandat du président prend fin par:

- l'arrivée du terme si son mandat a une durée déterminée
- un empêchement (incapacité juridique par exemple)
- la démission du président
- le décès du président
- la révocation du président

En SASU, le président associé et irrévocable (il est révocable si c'est un tiers). Ce sont les statuts qui donnent les conditions de forme. Si la révocation est abusive, cela permet l'octroi de dommage et intérêts. Le principe du contradictoire doit aussi être respecté. Les conditions de fond de la révocation sont prévues dans les statuts. Lorsque le président associé a plus de 50% des parts sociales, il est protégé d'une décision de révocation. Tout associé peut alors, avec un juste motif, demander au tribunal sa révocation.

Le contrôle de la SAS et de la SASU

CAC: la nomination d'un CAC est obligatoire lorsque 2 des 3 seuils suivants sont atteints:

- 4 000 000€ de bilan
- 8 000 000€ de CA HT
- 50 salariés

Un ou plusieurs associés représentant 10% du capital social peuvent demander la nomination d'un CAC. La mission du CAC dure 6 exercices.

Pour la SASU, la nomination d'un CAC n'est pas obligatoire si l'associé assume personnellement la présidence.

Les conventions: pour éviter les conflits d'intérêts, la loi émet des règles particulières pour les conventions:

- libres: ce sont des opérations courantes conclues dans des conditions normales.
- interdites: ce sont par exemple des emprunts auprès de la SAS, des découverts de compte courant. Ces conventions sont nulles.
- réglementées: à l'AG, le CAC ou le président présente un rapport de ces conventions. Les associés les approuvent ou non (contrôle à posteriori). Les conventions non approuvées ne sont pas annulées mais la personne visée supporte personnellement les conséquences de cet acte.

Pour la SASU, l'associé les mentionne au registre des décisions.

La dissolution de la SAS et de la SASU

Les causes: Plusieurs causes peuvent expliquer la dissolution de la SAS:

- une dissolution volontaire (décision unanime des associés)
- dissolution involontaire et anticipée (liquidation, capitaux propres inférieur à ½ du capital social)

La réunion en une seule main de toute les parts sociales ne dissout pas la SAS mais la transforme en SASU.

Les conséquences: cela entraîne la dissolution. En SASU, la dissolution entraîne la transmission du patrimoine à la personne morale donc support des dettes (cela ne s'applique pas si l'associé unique est une personne physique).

La transformation de la SAS et de la SASU

Il faut l'accord unanime des associés. La décision de transformation est précédée d'un rapport du CAC attestant des montants des capitaux propres.

Chapitre 11: La SNC

La constitution de la SNC

Définition: la société en nom collectif est à responsabilité illimitée donc cela nécessite une grande confiance entre les associés.

Les associés: ils sont au minimum 2, personnes physiques ou morales, ayant la qualité de commerçant et la capacité commerciale.

Le capital social et les apports: pas de capital minimum, tous les apports sont autorisés. Il est interdit en SNC d'émettre des valeurs mobilières.

L'objet social: Les statuts le déterminent. Les professions libérales, les activités d'assurances, magasins collectifs de commerçants détaillants, laboratoires, sont interdits en SNC. Cependant, les tabacs sont obligatoirement en SNC.

Conditions de forme: il faut suivre la procédure classique de constitution de société:

- projets de statuts
- dépôt du capital social
- signature des statuts
- publicité dans un JAL
- demande d'immatriculation au tribunal de commerce du lieu du SS

Le fonctionnement de la SNC

Les associés: chaque associé à des droits:

- **droits politiques:** droit à la communication des éléments de gestion (rapport de gestion, inventaire comptes annuels, textes des résolutions proposées), droit de vote, droit de poser des questions écrites au gérant
- **droits pécuniaires:** droit aux dividendes, droit au remboursement de l'apport et au boni de liquidation

Les assemblées: les décisions sont prises en AG, à l'unanimité des associés, sauf mention contraire dans les statuts.

La cession des parts: toutes parts sont cessibles sauf celles provenant d'apports en industrie. Pour toute cession, il faut le consentement unanime des associés, même les cessions entre conjoints ou ascendants et descendants. La cession est constatée par écrit. Si opposition, il faut le faire par lettre recommandée.

La responsabilité des associés: ils sont responsables:

- **solidairement:** le créancier peut demander à n'importe quel associé de rembourser la dette. Il y a un recours subrogatoire contre les autres associés, afin que chacun paye selon ses parts sociales
- **indéfiniment:** le patrimoine personnel peut servir à rembourser les dettes. Il faut cependant que les créanciers agissent en premier temps contre la société

La gérance: le gérant peut être une personne physique ou morale, capable juridiquement, associé ou tiers. Si il est un tiers, il ne devient pas commerçant. Si les statuts ne désignent pas un ou des gérants, tous les associés sont gérants. Si changement de gérant, l'élection ce fait à l'unanimité. Le gérant fait les actes de gestion, représente la société.

Si le gérant engage la SNC dans un acte qui ne respecte pas les statuts:

- la société n'est pas engagée si l'acte ne respecte pas l'objet social
- la société est engagée si l'acte ne respecte pas la clause qui limite ses pouvoirs

Dans le cas où la société est engagée, la société peut ensuite engager la responsabilité civile du gérant. Si il y a infractions, violations des statuts ou fautes, les associés peuvent demander réparation du préjudice.

Cumul mandat social/contrat de travail

Pour un gérant associé: ce n'est pas possible car commerçant, donc impossibilité d'être salarié.

Pour un gérant non associé: Possible mais encadré, le contrat de travail doit:
* rémunérer un travail effectif (sérieux et sincère)
* avoir des fonctions distinctes de celle de dirigeant
* avoir une rémunération distincte
* caractériser l'existence d'un lien de subordination entre le dirigeant et la société
* ne pas comporter de clauses étrangères des pratiques du droit du travail

Si non respect des règles, le contrat est annulé ou suspendu si antérieur.

Révocation du gérant

Le mandat du gérant prend fin si:
* l'arrivée du terme du mandat
* un empêchement
* la faillite personnelle
* la démission
* le décès
* la révocation

La révocation: elle se fait en AG. Si le gérant est associé, il faut l'unanimité. Si tous les associés sont gérants, il faut l'unanimité de tous les autres associés pour le révoquer. Si le gérant n'est pas associé, la décision est prise à la majorité.

La révocation peut être abusive, il peut donc y avoir des dommages et intérêts après une demande devant le juge. La révocation peut être demandée au tribunal de commerce par un associé si elle est légitime.

Le contrôle de la SNC

Un CAC doit être nommé si 2 des 3 seuils suivants sont atteints:
* 4 000 000 € de bilan
* 8 000 000 € de CA HT
* 50 salariés

Un CAC peut être nommé a l'unanimité si les associés le veulent, ou après une décision de justice.

Les conventions: en SNC il est possible pour un associé de conclure des conventions normalement interdites ou règlementées avec la société. Les statuts sont libres de prévoir des approbations.

La dissolution de la SNC

Les causes:
* décès d'un associé
* révocation du gérant associé sauf mention dans les statuts
* un jugement de liquidation

Les conséquences: il y a donc liquidation comme les autres sociétés

Transformation de la SNC

La transformation doit être prise à l'unanimité. Elle peut être transformée en SARL, SAS ou SA.

Chapitre 12: Les sociétés civiles de droit commun

Définition: Une société civile n'accomplit pas d'actes de commerce, fait une activité civile.

La constitution de la société civile

Les associés: les associés doivent avoir la capacité civile et être majeurs. Ils sont responsables indéfiniment et conjointement des dettes de la société, de manière proportionnelle à leurs parts et de manière subsidiaire (le créancier poursuit d'abord la société).

Le capital social: tous les types d'apports sont possibles. Cependant, les apports en industrie n'augmentent pas le capital social.

Les statuts et formalités: il y a une grande liberté contractuelle. Après la signature des statuts, il faut faire paraître un avis de constitution dans un JAL, immatriculer la société au RCS afin qu'elle obtienne la personnalité juridique.

Le fonctionnement de la société civile

La direction: les statuts prévoient la nomination, les pouvoirs et la rémunération du ou des gérants. Les pouvoirs du gérant sont d'ordre public, il engage dons la société par toutes les décisions qui entrent dans l'objet social. La révocation est prise en AG si plus de la moitié des parts sociales sont pour.

Les décisions collectives: elles doivent être prises à l'unanimité, sauf mention contraire dans les statuts. Les associés ont aussi le droit à l'information:

- **minimum une fois par an, communication des livres et documents sociaux des 3 derniers exercices**
- **minimum une fois par an, droit de poser des questions écrites sur la gestion sociale**
- **droit d'obtenir le comptes-sociaux et rapport de gestion avant l'AG**

La cession des parts: Il faut l'accord unanime des associés pour cession à un tiers, associés ou conjoints. Pour les descendants et héritiers, la cession est libre (sauf statut contraire). L'agrément est donné par les associés ou acquis par déchéance au bout de 6 mois si:

- **aucun agrément n'a été donné**
- **aucune offre d'achat n'a été proposée**
- **aucun associé ne demande la dissolution**

En cas de refus d'agrément, il peut:

- **y avoir un rachat des parts par des associés proportionnellement au nombre de parts qu'ils détiennent**
- **n'y avoir aucun associé qui veut acquérir les parts: il faut donc voter à l'unanimité la cession à un tiers**
- **n'y avoir aucun associé qui veut les parts et aucun accord: la société rachète les parts et les annule**

Le droit de retrait des associés: dans une société civile, les associés peuvent se retirer, avec l'accord unanime en AG ou autorisation judiciaire pour juste motif. Cela permet le remboursement de ses droits et la réduction de capital.

Le contrôle de la société civile

La nomination d'un CAC devient obligatoire si 2 des 3 seuils suivants sont atteint:
- **4 000 000€ de bilan**
- **8 000 000€ de CAHT**
- **50 salariés**

La disparition de la société civile

Les causes:
- **absence de gérant depuis plus d'un an**
- **révocation du gérant si cause prévue dans les statuts**
- **décès d'un associé si cause prévue dans les statuts**
- **incapacité, redressement ou liquidation d'un associé si cause prévue dans les statuts**

Les conséquences:

La dissolution entraîne la liquidation et donc:
- **un inventaire de l'actif et passif**
- **le recouvrement des créances + réalisation de l'actif (vente)**
- **répartition du boni**

Chapitre 13: L'ESS et L'association

Définition économie sociale et solidaire

Elle représente les entreprises qui sont sous la forme associative, coopérative, mutuelles ou de fondations. Le fonctionnement et les activités sont en accord avec le principe de solidarité et d'utilité sociale.

Cadre juridique

L'ESS est un statut juridique depuis la loi du 31 juillet 2014, qui en donne une définition. L'ESS peut être commerciale, elle doit être lucrative mais avoir aussi un autre but que celui du partage des bénéfices.

Afin que l'entreprise est le statut ESS, il faut qu'elle ait un objectif d'utilité sociale et que son mode de gouvernance soit démocratique.

Côté financement, l'ESS obtient ses ressources avec des financements participatifs, des prêts solidaires, des subventions.

Agrément ESUS

La loi du 31 juillet 2014 a aussi créée cet agrément. Cet agrément est donné aux entreprises répondant à des critères:
- l'activité est d'utilité sociale et collective
- le mode de gouvernance et gestion est démocratique et participatif
- les bénéfices ne sont pas ou peu redistribués mais sont plutôt réinvestis

L'association

Elle est possible depuis 1901. Son principe est simple: il faut au moins deux personnes qui mettent en commun des connaissances, activité, dans un autre but que le partage de bénéfice.

Elle peut avoir différents types:
- <u>association simple</u>: non déclarée en préfecture, a une existence juridique. Elle peut donc recevoir des cotisations mais n'agit pas en justice, ne conclut pas de contrat, ne perçoit pas de subventions.
- <u>association déclarée en préfecture</u>: a une personnalité juridique. Elle a donc un patrimoine, perçoit des subventions, agit en justice, conclut des contrats. Elle ne perçoit cependant pas de donations.
- <u>association d'utilité publique</u>: a un objet jugé d'intérêt général, son nombre d'adhérents est conséquent (>200) et son rayonnement est national. Elle reçoit des donations et son fonctionnement est démocratique. Elle fait l'objet de contrôle administratif plus strict par la Cour des comptes.
- <u>association agrée</u>: l'objet est d'intérêt général. Elle a un fonctionnement démocratique et est transparente financièrement. Elle a les mêmes droits que l'association d'utilité publique.

L'objet social est libre et civil donc pas d'acte de commerce sauf en cas de cession. Cet objet social ce doit d'être licite et ne doit pas porter atteinte aux bonnes mœurs et à l'ordre public. La finalité et l'activité sont souvent confondues.

Au niveau du capital social, il n'y a pas de minimum et les membres apportent obligatoirement activités, connaissances et compétences. Les autres types d'apports ne sont pas obligatoires.

Les membres peuvent être des personnes physiques et morales. Les adhérents peuvent être mineurs si mention dans les statuts. Ces mêmes mineurs peuvent être des membres actifs de l'association, cependant pas responsable de ses fautes.

Les statuts sont libres sauf pour les associations reconnues d'utilité publique ou agréée, où un règlement intérieur est rédigé.

Les formalités: il faut se déclarer auprès du greffe des associations de la préfecture du SS. La préfecture remet un récépissé de déclaration sous 5 jours, qui comporte le numéro du Répertoire National des associations. Cela donne le statut de personne morale à l'association et elle doit donc se faire publier au JOAFE (journal officiel des associations et des fondations d'entreprises).

Le fonctionnement de l'association:

Une association fonctionne avec:
- un bureau qui comporte le président, des membres, le secrétaire et le trésorier
- un conseil d'administration
- une assemblée générale

Le président doit être une personne physique (ou plusieurs) qui représente l'association. Il est nommé par les statuts, les membres ou lors de la première AG. Il doit être français et ne doit pas être interdit de gérer. Il a le droit de cumuler les mandats et fonctions. Il peut être rémunéré à hauteur de ¾ de SMIC même si cela est peu fréquent.

Le secrétaire dresse les PV d'assemblées, tient les registres de l'association et est en charge du fonctionnement administratif.

Le trésorier est en charge du budget de l'association et est responsable civilement et pénalement de la tenue des comptes.

Le conseil d'administration: représente l'association, procède aux élections, assure la gestion et vérifie l'application des décisions prises en AG.

L'AG: c'est la réunion de tous les membres de l'association. Il faut d'abord faire la convocation par le président ou CA. Il n'y a pas de délais, ni de forme.

les droits et obligations des membres

Afin d'avoir le droit aux prestations fournies par l'association, il faut verser une cotisation et respecter le règlement et les statuts. Le membre engage vis-à-vis de l'association leur responsabilité civile contractuelle.

Le contrôle de l'association

Il faut nommer un CAC lorsque:
- l'association reçoit 153 000€ de subventions publiques (hors subvention européenne),
- l'association reçoit 153 000€ de dons ouvrant droit à réduction d'impôt
- association a une activité économique dépassant 2 des trois seuils suivants: 50 salariés, 3.1Md'€ de CA HT, 1.55Md'€ de total bilan,
- l'association dont les ressources financières rémunérant un à trois dirigeants dépasse 200 000€.

La disparition de l'association

Les causes sont identiques à celles des sociétés. La disparition entraîne sa liquidation, et donc la nomination d'un liquidateur. Si les dettes sont supérieures, elles sont réparties entre les sociétaires.

Chapitre 14: L'ESS et la société coopérative

La société coopérative

Définition: Société de coopération et de participation des salariés, son but n'est pas le profit mais l'intérêt collectif et la satisfaction des besoins personnels. Cette structure coopérative qui a un mode de fonctionnement semblable aux sociétés commerciales, mais dont la gouvernance est coopérative. Les associés doivent participer à l'activité de l'entreprise et non être seulement des porteurs de capitaux.

Il y a différents types de sociétés coopératives:

- **Coopérative classique**
- **Coopérative et participative dite SCOP**
- **Coopérative d'intérêt collectif dite SCIC**
- **Coopérative européenne**

La constitution

La société coopérative peut choisir une forme juridique de société commerciale ou civile. Les SCOP et SCIC ne peuvent être constituées que sous la forme d'une SARL, SAS et SA.

L'objet social: tous les secteurs d'activité sont possible.

Le capital social:

- **Dans une SCOP SARL, capital minimum de 30€, 2 parts de 15€, tous les apports possibles.**
- **Dans une SCOP SA, capital minimum de 18 500€, ¾ libérés et le reste dans les trois ans.**

Normalement, les statuts prévoient un capital social variable afin d'ajouter facilement des associés ou le retrait de ceux-ci. La loi du 31 juillet 2014 créé un statut de SCOP transitoire, dans le but de faciliter la reprise d'entreprise par les salariés. L'entreprise se transforme en SCOP et des investisseurs extérieurs (donc non coopérateurs) peuvent détenir des parts sociales pour une durée limitée à 7 ans. Cela laisse cependant aux salariés la majorité en voix. Après les 7 ans, les associés non coopérateurs doivent céder des parts pour ne pas dépasser le seuil de 50% des parts sociales.

L'agrément

Les SCOP doivent recevoir un agrément. Cette demande se fait tous les ans dans les 6 mois après la clôture de l'exercice, par lettre recommandée au ministre du Travail. Il y a une réponse dans les deux mois.

Le fonctionnement de la société coopérative

Le principe démocratique est la valeur principale des sociétés coopératives. Il n'y a pas de proportion entre le nombre de parts et le nombre de voix. Un associé est égal à une voix. L'associé bénéficie du droit à l'information, du droit de vote.

En cas d'excédents nets de gestion, les sociétaires ont le droit à un pourcentage fixé dans les statuts, c'est la ristourne coopérative. De plus, les bénéfices peuvent aller en réserves:

- 15% des bénéfices affectés en réserves légales et 1% en réserve statutaire
- 25% des bénéfices affectés aux salariés, associés ou non
- Les associés peuvent percevoir une part des bénéfices inférieures aux réserves et à la part réservée aux salariés

Pour le dirigeant:

- SCOP SARL: 4 ans maximum, conseil de surveillance (3 à 9 personnes élues pour 4 ans) si plus de 20 salariés
- SCOP SA: 6 ans maximum et conseil d'administration élu pour 6 ans, conseil de surveillance élus pour 6 ans et 4 ans pour le directoire
- SCOP SAS: président élu pour 4 ans

Un CAC peut être nommé si deux des trois seuils suivants sont dépassés:

- 10 salariés
- CA de 534 000 € HT
- bilan supérieur à 267 000€

La disparition de la société coopérative

Plusieurs causes peuvent expliquer la disparition d'une société coopérative:

- décision en AG
- arrivé à terme fixé dans les statuts
- réduction du capital sous le seuil légal
- décision de justice

La disparition de la société coopérative entraîne sa liquidation. Il y aura donc la nomination d'un liquidateur afin d'épurer les dettes et vendre les actifs. Il n'y a cependant pas le droit à un boni de liquidation, car aspect coopératif. Le surplus est donc, selon les statuts, cédé à une ou plusieurs SCOP, action d'intérêt général, personne morale de droit publique.

Chapitre 15: La SCA, la SEL et le GIE

La société en commandite par actions (SCA)

Il y a deux types de sociétés en commandite: simple et par actions. Elles permettent de distinguer la gestion du capital et comprennent 2 types d'associés.

Définition: c'est une société commerciale et de capitaux. Ses règles de structures ressemblent à celles de la SA. Elle peut émettre des offres au public de titres.

Les deux catégories d'associés:
- **commanditaires:** ils font des apports et se partagent le capital social. Ils peuvent être nommés actionnaires.
- **commandités:** ils dirigent la société mais n'ont pas d'actions. Cependant, ils ont des parts (ne faisant pas partie du capital) et sont des associés à part entière.

Ils sont soumis à des règles différentes, en termes de responsabilité,...

La SCA peut donc faire des appels de capitaux tout en gardant le même groupe aux commandes.

La constitution:

Les conditions de fonds relatives à tout contrat: le contrat de société doit valider la capacité, le consentement et le contenu licite et certain.

Les associés: minimum 4 associés, physiques ou morales, français ou étrangers, formant deux types:
- **les commanditaires:** ils apportent des capitaux et veulent du profit. Ils sont assimilés à des actionnaires de SA (capacité civile). Ils doivent être minimums 3 et il n'y a pas de maximum. Leur responsabilité est limitée aux apports.
- **les commandités:** ils ont les pouvoirs de gestion. Ils sont assimilés à des associés de SNC (capacité commerciale). Il doit y avoir minimum 1 commandité et il n'y a pas de maximum. Leur responsabilité est indéfinie et solidaire. Un commandité peut aussi être commanditaire.

Les apports:
- **en numéraire:** entièrement souscrits lors de la constitution et libérés pour moitié, le reste doit être libéré dans un délai maximum de 5 ans.
- **en nature:** il doit faire l'objet d'une évaluation par un commissaire aux apports dans les 6 mois avant la constitution, sauf si valeur mobilière cotée.

Les commandités peuvent faire tout type d'apport, ils seront porté dans un compte spécial.

Les commanditaires ne peuvent faire que des apports en nature et numéraire.

Le capital social: il est de minimum 37 000€ divisé en actions négociables. Seuls les parts des commanditaires comptent dans le capital social.

La dénomination sociale et la durée: elle peut comporter le nom d'un commandité, pas d'un commanditaire. La durée maximale est de 99 ans renouvelable.

Les statuts et formalités: ce sont les mêmes que pour les autres sociétés.

La gérance:

- **les conditions:** il peut y avoir 1 ou plusieurs gérants. Si le gérant est commandité, il doit avoir la capacité commerciale, si c'est un tiers, seule la capacité civile est demandée. Un associé commanditaire ne peut pas être gérant, car responsabilité limitée. Le gérant peut être une personne morale ou physique, l'âge maximum est fixé à 65 ans sauf mention dans les statuts.
- **la nomination du gérant:** il est nommé par les commanditaires, avec l'accord des commandités. La première nomination est présente dans les statuts, et celle suivante en AGO, à la majorité, avec accord unanime des commandités.
- **les pouvoirs du gérant:** ce sont les mêmes que pour le conseil d'administration d'une SA. Dans l'ordre interne, ils sont déterminés dans les statuts: convoque les associés pour les AG, accomplit les actes de gestion, facilite le droit à l'information et de communication des actionnaires. Dans l'ordre externe, il agit au nom de la société. La société reste engagée dans tout acte.
- **La rémunération du gérant:** elle est fixée dans les statuts.
- **La responsabilité du gérant:** Il est responsable civilement et pénalement.
- **Le cumul mandat social/contrat de travail:** c'est possible en suivant les règles classiques, la règle de l'antériorité ne s'applique pas.
- **La fin du mandat:** sa fonction prend avec la démission, le décès,... La révocation est décidée par le vote des commandité ou par décision du tribunal.

Les droits et pouvoirs des associés:

- **commanditaires:**
  - **droits pécuniaires:** droit aux bénéfices, boni de liquidation. Les titres sont cessibles librement sauf clause d'agrément prévue dans les statuts en cas de cessions à un tiers.
  - **droits politiques:** participent aux AG, votent, ont le droit à l'information, mais sont exclus de la gestion externe de la société.
  - **responsabilité:** à hauteur de leurs apports.
- **commandités:**
  - **nomination:** nommés par les commanditaires. Les assemblées des commandités suivent les règles de celle de SNC.
  - **droits pécuniaires:** ils ont les dividendes prioritaires pour compenser leur prise de risque. Leurs titres ne sont pas librement cessibles, il faut l'unanimité des commandités et commanditaires sauf mention contraire dans les statuts.
  - **droits politiques:** ils participent aux décisions, ont les pleins pouvoirs dans la vie de la société. Ils disposent de prérogatives accrues: droit de veto par exemple.
  - **Responsabilité:** solidairement et indéfiniment responsable.

Les assemblées générales: pour qu'une décision soit valide, il faut qu'elle soit adoptée par:

- l'assemblée générale des commandités (comme en SNC)
- l'assemblée générale des commanditaires (comme en SA)

Les AG sont séparées.

Le contrôle de la SCA:
Le CAC: la nomination d'un CAC est obligatoire lorsque 2 des 3 seuils suivants sont atteints:
- **4 000 000€ de bilan**
- **8 000 000€ de CA HT**
- **50 salariés**

Elle peut aussi être demandée lorsque des associés représentant 10% du capital social le demande (sous acceptation en AGO par vote des commanditaires et commandités).
Le conseil de surveillance: il est obligatoire en SCA et composé exclusivement de commanditaires.
- **conditions pour être membre du conseil de surveillance:**
  - minimum 3 associés commanditaires et pas de maximum
  - les statuts doivent prévoir une limite d'âge sinon les membres ayant plus de 70 ans ne peuvent pas dépasser ⅓
  - un membre peut appartenir à plus de 5 conseils de SCA
- **nomination des membres du conseil de surveillance:**
  - nommé par vote des commanditaires en AGO. Les commandités qui sont commanditaires ne peuvent pas participer
  - il doit y avoir une parité H/F (minimum 40% de femmes)
- **les pouvoirs du conseil de surveillance:** cela permet de contrôler les décisions de gestion prises par le gérant, les comptes afin de faire un rapport annuel.
- **la rémunération des membres du conseil de surveillance:** elle est fixée par les statuts.
- **la responsabilité des membres du CS:** ils ne sont pas responsables des actes de gestion et des résultats. Ils sont cependant responsables des fautes commises durant leur mandat et des délits non révélés.
- **le cumul mandat social/contrat de travail:** c'est possible si cela ne dépasse pas le tiers des membres dans cette situation.
- **la fin du mandat des membres du CS:** la durée est de 6 ans sauf mention contraire dans les statuts. Les membres sont révocables ad nutum (sans préavis, motif et indemnité) par l'AG des commandités.

Les conventions:
- **interdites:** elles sont nulles et s'appliquent au gérant, membres de la famille,... mais aussi associés commandités.
- **libres:** pas soumises car normales et courantes
- **réglementées:** soumises à l'autorisation préalable du conseil de surveillance, puis approuvées par l'AGO. Pour qu'une convention soit acceptée a priori (avant la réalisation), il faut:
  - que l'intéressé informe le conseil de surveillance
  - que le conseil de surveillance autorise la convention (l'intéressé ne peut pas voter)
  - que la SCA doit publier sur son site internet des informations sur les conventions réglementées
  - que les AGO approuvent la convention (l'intéressé ne peut pas voter)

Les causes sont communes à toutes les sociétés, mais il existe également des causes spécifiques:
- décès, incapacité, interdiction d'exercer, redressement ou liquidation d'un associé commandité (sauf disposition contraire dans les statuts)
- celle s'appliquant à la SA (réduction du capital sous le minimum légal)

La dissolution entraîne les formalités prévues et la liquidation.

Il faut que la SCA soit constituée depuis 2 ans, que les 2 derniers exercices ait des comptes approuvés et un rapport du CAC. En cas de transformation en SNC ou SAS, il faut l'accord unanime. Si c'est en SA et SARL il faut la majorité.

La société d'exercice libéral (SEL)

Définition: La SEL est une possibilité d'exercice pour les professionnels libéraux, qui permet de mutualiser leurs moyens, les financements, tout en étant indépendants. C'est une société de capitaux et commerciale avec un objet civile (donc soumis aux juridictions civiles).

Les activités concernées sont soumises à un statut législatif ou réglementaire (notaire, expert-comptable, avocats,...).

La SEL peut être: SELARL, SELAFA (forme anonyme), SELCA (commandite par actions), SELAS.

Les associés:
- les catégories: il y a 3 différents types:
  - associés exerçant leur profession au sein de la société: ils doivent détenir plus de ½ du capital social et des droits de votes
  - tiers professionnels: ils doivent exercer la même profession dans une autre structure (physique ou morale)
  - tiers non professionnels: ce sont obligatoirement des personnes physiques qui ont soit exercé la profession dans la société et associé durant 10 ans ou moins, ou alors les ayants droits de ces personnes qui peuvent être associées 5 ans après le décès
- Le nombre d'associés:
  - SELARL: entre 2 et 100
  - SELAS: minimum 2
  - SELCA: minimum 4
  - SELAFA: minimum 3
- Le statut des associés: ils doivent avoir la capacité civile, la capacité propre à la profession exercée et être inscrit sur la liste professionnelle.

Le capital social: le montant minimal est différent selon la forme:
- SELARL: libre
- SELAS: libre
- SELCA: 37 000€
- SELAFA: 37 000€

Minimum 50% du capital social et des droits de votes doivent être détenus par des professionnels.

Les statuts et formalités: ce type de société suit les formalités de base de création d'entreprise.

La direction de la SEL: Elle suit les règles de gouvernance des sociétés dont elle emprunte la structure:

- **SELARL: un ou plusieurs gérants physiques**
- **SELCA: un ou plusieurs gérants, physiques ou morales**
- **SELAS: président personne physique**
- **SELAFA: en structure moniste: il y a un conseil d'administration, un président et des DG et DGD. En dualiste, il y a un conseil de surveillance, un président, DG et DGD**

Le contrôle de la SEL: il dépend de la structure. Les ordres professionnels et autorité publique contrôlent aussi la société.

Les conventions: elles ont besoins de l'approbation pour être valide.

Les causes sont communes aux autres sociétés et, la radiation de l'ordre professionnel entraîne la dissolution de l'entreprise par extinction de l'objet social. Cela entraîne donc les formalités de liquidation.

Le groupement d'intérêt économique (GIE)

Définition: groupement entre la société et l'association, permettant à des sociétés de mettre en commun des activités, tout en conservant leur individualité.

Cette structure permet de partager les moyens et coûts, pour réduire les charges. Le GIE n'a pas vocation à réaliser des profits donc les bénéfices sont reversés aux membres. L'objet peut être civil et commerciale. Si des actes de commerce sont régulièrement faits, alors il est commerçant, sinon il doit se rattacher à l'activité économique des membres.

Les associés: minimum 2 associés, physiques ou morales, ayant la capacité civile. Les associés sont responsable indéfiniment et solidairement des dettes.

Le capital social: le GIE peut être fondé:

- **sans capital social: il fonctionne comme une association: percevoir des cotisations. Il est possible de faire des apports**
- **avec un capital social: le montant est libre. Tout type d'apports est possible.**

La durée: la durée doit être déterminée et renouvelable.

Le contrat: il n'y a pas de statuts mais un contrat de groupement.

La direction du GIE: un ou plusieurs administrateurs (physiques ou morales) sont responsables de la direction. Les pouvoirs, révocations et nominations sont pareils aux autres sociétés.

Les membres du GIE: Les règles de quorum et de majorité sont prévues dans le contrat de groupement, sinon les décisions sont prises à l'unanimité. La cession des parts se fait avec agrément. Si il y a un refus, les membres du GIE doivent racheter les parts. Les membres sont responsables des dettes, mais le contrat de groupement peut annuler cette solidarité.

Le contrôle du GIE: un CAC est obligatoire si il y a plus de 100 salariés ou en cas d'émission d'obligations. Le contrôleur de gestion est obligatoire. Il est une personne physique, associé ou tiers qui contrôle la gestion. Les conventions doivent être approuvées.

Les causes peuvent être classiques, commune à toute société, ou:

- l'arrivé à terme prévue par le contrat
- l'extinction de l'objet social
- une décision prise en AG
- décision de justice
- décès, incapacité, faillite personnelle, interdiction d'exercer d'un des membres sans disposition dans les statuts

Cela entraîne la liquidation.

Le groupement européen d'intérêt économique (GEIE)

Composé de minimum 2 sociétés européennes de nationalité différentes, elle facilite la coopération. L'effectif doit être inférieur à 500 salariés. Les membres sont solidairement et indéfiniment responsable.

Chapitre 16: SCI, SCP, SCM et les sociétés agricoles

La société civile immobilière (SCI)

Définition: La SCI gère des immeubles, les mets en location ou construit des immeubles afin de les vendre.

Avantages de la SCI:
- Pas d'indivision car bien immobilier appartenant à la SCI, il n'y a donc pas obligation de vendre lors de la sortie d'un associé
- Possibilité de diminuer l'impôt des associés avec le déficit foncier de la société
- La SCI offre une grande liberté dans la rédaction des statuts

Inconvénients de la SCI:
- A la création, il y a un coût pour la rédaction des statuts, l'avis de création dans le JAL et l'immatriculation au RCS
- La SCI doit être gérée comme une société. Il faut donc faire les AG, voter et déclarer les modifications au greffe
- Les associés sont responsables de manière indéfinie des dettes, de façon proportionnelle à leurs parts

La société civile professionnelle (SCP)

Définition: La SCP permet à des personnes physiques d'exercer une profession libérale réglementée de manière commune. Plusieurs exemples: avocats, dentistes, architectes,...
Il ne peut y avoir que des personnes physiques associés.

Avantages de la SCP:
- Le partage de frais
- une organisation libre de la gestion

Inconvénients de la SCP:
- Les coûts à la création sont conséquents
- Le formalisme de création
- Les associés sont responsables indéfiniment.

La société civile de moyens (SCM)

Définition: La SCM facilite l'exercice de l'activité professionnelle libérale, réglementées ou non. Le but est de réduire les coûts de fonctionnement.

Avantages de la SCM:
- Le professionnel garde son indépendance mais partage les frais
- libre organisation de la société

Inconvénients de la SCM:
- Coûts à la création
- formalisme d'une société
- les associés sont responsables de manière indéfinie et proportionnelle à leur PS aux dettes

Le groupement agricole d'exploitation en commun (GAEC)

Définition: La GAEC permet aux agriculteurs de s'associer, afin de mettre en commun des exploitations et de réaliser un travail en coopération.

Le capital social: il est de minimum 1500€, divisé en parts sociales de 7.50€ ou plus. Afin de profiter de ce statut juridique, les statuts doivent être envoyés à la préfecture du lieu du siège social d'exploitation. Une réponse est attendue dans les 3 mois. Ensuite, il faut accomplir les formalités de publicité légale et l'immatriculation au RCS.

Les associés: ils doivent être entre 2 et 10, des personnes physiques uniquement, majeurs et agriculteurs. Tous les associés doivent participer au travail en commun et à la gestion (un homme est égal à une voix). Ils perçoivent une rémunération supérieure ou égale à un SMIC sans dépasser 10 SMIC. La cession des parts est libre si elle est approuvée en AG. Les associés sont responsables jusqu'à deux fois ses parts des dettes.

Le(s) gérant(s): obligatoirement associé(s), la rémunération, les pouvoirs et la révocation sont mentionnés dans les statuts.

L'exploitation agricole à responsabilité limitée (EARL)

Définition: Forme de société civile à objet agricole.

Le capital social: il est de minimum 7 500€, avec tous les types d'apports autorisés.

Les associés: entre 1 et 10, ils doivent être des personnes physiques. Il y a deux types d'associés:

- les associés exploitants: majeurs, qui participent à l'exploitation, sont majoritaires et détiennent plus de 50% des parts sociales
- les associés simples apporteurs de capitaux: n'exploitent pas, et ne peuvent pas gérer l'EARL

Les associés sont responsables à hauteur de leurs apports des dettes.

Chapitre 17: Mandat ad hoc et conciliation

La cessation de paiements

Définition: La cessation de paiement, c'est l'impossibilité pour une entreprise de payer ses dettes avec son actif.

Le mandat ad hoc

Définition: C'est une procédure préventive de règlement amiable des conflits. L'objectif est d'éviter la cessation de paiements, grâce à l'intervention d'un mandataire.

Conditions d'éligibilité: toute entreprise peut prétendre à l'ouverture de ce mandat si:
- elle rencontre des difficultés financières ou sociales
- ne soit pas en cessation des paiements

Seul le débiteur (représentant de l'entreprise), peut demander l'ouverture d'un mandat. Sa demande doit être écrite et adressée au tribunal de commerce, si activité commerciale ou artisanale, tribunal judiciaire pour une activité civile.

Le mandataire: Le président du tribunal désigne le mandataire, le débiteur peut faire une proposition. Son but est de résoudre les difficultés économiques, juridiques ou sociales de l'entreprise. Ses missions et la durée sont déterminées par le président du tribunal. Pendant la procédure, le dirigeant continue d'assurer la gestion de l'entreprise. La procédure n'est pas publiée, c'est confidentiel.

Les issues:
- en cas d'échec: il est possible d'ouvrir une procédure de conciliation ou une procédure collective
- en cas de succès: un accord amiable est rédigé par l'entreprise, cela met fin à ses difficultés. Il est possible de signer un protocole d'accord entre les parties prenantes

La conciliation

Définition: c'est une procédure préventive de règlement amiable ou des difficultés rencontrées entre l'entreprise et ses principaux créanciers en concluant un accord amiable de conciliation, grâce à l'intervention d'un conciliateur.

Conditions d'éligibilité: toute entreprise peut prétendre à l'ouverture d'une conciliation si:
- elle rencontre des difficultés financières ou sociales
- elle n'est pas en cessation de paiement ou, depuis moins de 45 jours
- elle n'a pas fait l'objet d'une procédure de conciliation durant les 3 derniers mois

Seul le représentant de l'entreprise, le débiteur, peut demander une conciliation. La demande se fait au président du tribunal.

Le conciliateur: C'est le président qui désigne le conciliateur, le débiteur peut faire une proposition. Sa mission dure 4 mois (prolongeable un mois de plus). Il doit:

- favoriser le règlement des créances principales, d'un accord amiable
- présenter un rapport de la sauvegarde de l'entreprise, à la poursuite de l'activité économique et au maintien de l'emploi
- organiser une cession totale ou partielle de l'entreprise

Il doit demander la fin de sa mission au président. Le gérant continue la gestion de l'entreprise durant la mission. La procédure est confidentielle, elle n'est donc pas publiée.

Les issues:

- en cas d'échec: C'est communiqué au ministère public. Il est possible d'entrer dans une procédure collective
- en cas de succès: il y a un accord amiable qui met fin aux difficultés de l'entreprise. Cet accord peut être constaté ou homologué

La constatation: cette demande vient du débiteur et des créanciers signataires. Cette constatation donne une force exécutoire à l'accord.

L'homologation: cette demande vient du débiteur. Cela donne une force exécutoire à l'accord. Il y a donc une impossibilité des poursuites et l'arrêt des poursuites en cours.

L'accord est donc publié:

- au comité social et économique
- au greffe du tribunal
- dans un JAL et au BODACC

Le CAC est aussi informé.

Chapitre 18: Procédure de sauvegarde, redressement et liquidation judiciaires

La procédure de sauvegarde

Définition: la procédure de sauvegarde permet la réorganisation d'une société en difficultés, afin qu'elle ne soit pas en cessation de paiement.

Son but: que l'entreprise poursuive son activité, que les emplois soient maintenus et que les dettes soient soldées.

Conditions d'engagement: toute entreprise en difficulté, mais pas en cessation de paiement.

Déroulement de la procédure:

La demande: la demande ce fait par le débiteur (représentant de l'entreprise). Elle est faite au tribunal de commerce si entreprise commerciale et tribunal judiciaire dans les autres cas.

Jugement: Après consultation du débiteur s'ouvre le jugement d'ouverture. Cela fait l'objet de publicité au RCS, au JAL ou au BODACC.

Période d'observation: elle débute à la date de jugement d'ouverture. Elle a une durée de 6 mois renouvelable 3 fois. Elle a pour effet:

- la suspension des poursuites
- la suspension du recouvrement des dettes
- l'arrêt du cours des intérêts et majorations

A l'issue de l'observation, plusieurs choix possibles:

- si disparition des difficultés, fin de la procédure
- si débiteur déjà en cessation de paiement, il est possible de convertir la procédure en redressement ou liquidation judiciaire
- si le débiteur n'est pas en cessation de paiement mais éprouve des difficultés, il va établir un plan de sauvegarde

Les acteurs:

- **le débiteur:** c'est le dirigeant de l'entreprise en difficulté. Il a interdiction de payer les créances antérieures et postérieures non privilégiées (non utile et obligatoire à la période d'observation)
- **l'administrateur judiciaire:** obligatoire si l'entreprise à au moins 20 salariés et un CA HT supérieur à 3 000 000€. Ses missions, données par le juge, peuvent être la surveillance de la gestion du dirigeant, l'assistance, la décision de poursuivre les contrats en cours (utile ou pas)
- **le mandataire judiciaire:** représente les créanciers
- **le représentant des salariés:** chargé de contrôler le paiement des salaires
- **le juge-commissaire:** s'assure du bon déroulement de la procédure

- **les créanciers:**
  - **antérieurs:** il doit déclarer sa créance au mandataire judiciaire dans les 2 mois après la publication du jugement d'ouverture, qui la vérifie
  - **postérieurs non privilégiés:** créance née après le jugement d'ouverture non utile à l'activité, le juge commissaire l'admet ou la rejette. Ce type de créancier ne peut pas agir en justice et les intérêts de retard sont interrompus.
  - **postérieurs privilégiés:** créance née après le jugement d'ouverture et utile à l'activité ou à la procédure, les créanciers seront payés à l'échéance normale. Cependant, le tribunal peut prévoir un paiement à la fin de la procédure, en priorité par rapport aux non privilégiés et antérieurs.

Issues de la procédure de sauvegarde:

- **le jugement déterminant le plan de sauvegarde:** le tribunal examine le bilan économique et social et le projet de plan. Le tribunal adopte le plan de sauvegarde si c'est possible. Cela met fin à la période d'observation.
- **le contenu du plan de sauvegarde:** il définit les étapes à suivre pour redresser l'entreprise. Il regroupe les mesures économiques et sociales de restructuration de l'entreprise ainsi que les mesures d'apurement du passif.
- **l'exécution du plan de sauvegarde:** la durée du plan ne peut pas dépasser 10 ans. un commissaire à l'exécution du plan est nommé pour veiller sur la bonne exécution du plan. Il est en charge de payer les créanciers. Les contrats en cours sont poursuivis après accord du mandataire judiciaire. En cas d'échec de la procédure, une procédure de redressement ou une liquidation judiciaire peuvent être prononcées. En cas de succès cela met fin à la procédure de sauvegarde.

Le redressement judiciaire

Définition: la procédure de redressement judiciaire permet à une entreprise en grande difficulté, de pouvoir se réorganiser afin d'éviter la liquidation judiciaire.

Le but: poursuivre l'activité, régler les dettes et maintenir l'emploi.

Conditions d'engagement: l'entreprise doit être en difficulté mais pas irrémédiable. Elle doit être en cessation de paiement.

Le déroulement: il se fait dans l'ordre suivant:

- **la demande d'ouverture:** elle est faite par le débiteur dans les 45 jours de la cessation de paiement. Si il ne fait pas de demande, un créancier peut la faire, ainsi que le procureur et le tribunal.
- **le jugement d'ouverture:** après la consultation du débiteur et des membres du CSE le tribunal prononce un jugement d'ouverture qui fixe la date de cessation de paiement (date du jugement, date antérieure, date de l'accord de conciliation). Le jugement est publié au RCS, JAL ou BODACC.
- **la période d'observation:** c'est la phase d'évaluation de la situation de l'entreprise. Celle-ci débute à la date de jugement d'ouverture. Elle dure 6 mois renouvelable 3 fois. Elle a pour effet la suspension du recouvrement des dettes et des poursuites individuelles et l'arrêt des intérêts de retard et majoration. A l'issue de cette période le tribunal peut mettre fin à la procédure, convertir la procédure en liquidation judiciaire ou établir un plan de redressement judiciaire.

S'ouvre alors une période suspecte entre le début de la cessation de paiement et l'ouverture de la procédure. Cela peut avoir comme effet d'annuler certains actes.

Les différents rôles et acteurs:

- **le débiteur:** peut être dessaisi (démuni de ses fonctions) au profit de l'administrateur judiciaire ou peut continuer à gérer l'entreprise assisté par l'administrateur judiciaire tout en ne payant pas les créances antérieures et postérieures non privilégiées et en ayant une autorisation du juge-commissaire pour les actes qui ne relèvent pas de la gestion courante.
- **l'administrateur judiciaire:** il est obligatoire si l'entreprise a un effectif minimum de 20 salariés et un CA HT supérieur à 3 000 000 €. Ses missions, définies par le juge peuvent être l'assistance du dirigeant ou la gestion totale ou partielle de l'entreprise. Il décide aussi de la poursuite des contrats en cours.
- **le mandataire judiciaire:** il représente les créanciers et agit pour l'intérêt de tous.
- **le représentant des salariés:** il est chargé de contrôler le paiement des salaires.
- **le juge-commissaire:** il s'assure du bon déroulement de la procédure et du respect des intérêts.
- **les créanciers:**
  - **antérieurs:** il doit déclarer sa créance au mandataire judiciaire dans les 2 mois après la publication du jugement d'ouverture, qui la vérifie
  - **postérieurs non privilégiés:** créance née après le jugement d'ouverture non utile à l'activité, le juge commissaire l'admet ou la rejette. Ce type de créancier ne peut pas agir en justice et les intérêts de retard sont interrompus.
  - **postérieurs privilégiés:** créance née après le jugement d'ouverture et utile à l'activité ou à la procédure, les créanciers seront payés à l'échéance normale. Cependant, le tribunal peut prévoir un paiement à la fin de la procédure, en priorité par rapport aux non privilégiés et antérieurs.

Les issues de la procédure de redressement judiciaire:

- **le jugement déterminant le plan de redressement** et le contenu sont identiques au plan de sauvegarde.
- **l'exécution du plan de redressement:** la durée est fixée par le tribunal et ne peut pas excéder 10 ans. Un commissaire à l'exécution du plan est nommé afin de veiller sur la bonne exécution du redressement. Il est chargé de payer les créanciers selon le plan. Les contrats en cours sont poursuivis, selon les choix de l'administrateur judiciaire ou représentant de l'entreprise après accord du mandataire judiciaire. En cas d'échec de la procédure, le tribunal ouvrira une procédure de liquidation judiciaire, ou une cession totale ou partielle de l'entreprise. En cas de succès, il y a clôture de la procédure.

La liquidation judiciaire

Définition: elle est mise en œuvre pour une entreprise qui fait face à des difficultés insurmontables et dont le redressement est impossible.

But: mettre fin à l'activité, céder les actifs, régler les créances. Elle acte la disparition ou la cession à un tiers de l'activité.

Conditions d'engagement: L'entreprise doit être en cessation de paiement, avoir des difficultés insurmontables.

- demande d'ouverture: elle est faite par le débiteur dans les 45 jours de la cessation de paiement. Sinon, elle peut être faite par un créancier mais aussi par le procureur et le tribunal.
- jugement d'ouverture: après consultation du débiteur et membre du CSE, le tribunal prononce le jugement d'ouverture. La date de cessation de paiement est fixée et peut donc être la date du jugement d'ouverture, une date antérieure ou la date de l'accord de conciliation. Un liquidateur, un juge-commissaire et un représentant des salariés sont élus. Le jugement d'ouverture a pour effet la suspension des poursuites individuelles et le recouvrement des dettes, l'arrêt des intérêts, de rendre exigibles les dettes non échues mais déclarées au liquidateur dans un délai de 2 mois après la publication du jugement et aussi, la rupture des contrats de travail. Il y aura donc l'arrêt de l'activité, la vente des biens de l'entreprise ainsi que le règlement des créances.
- période d'observation: il n'y en a pas car l'objectif est la vente de l'actif.

les rôles et acteurs:
- le débiteur: c'est le dirigeant.
- l'administrateur judiciaire: sauf en cas exceptionnel, il n'y a pas d'administrateur.
- le mandataire judiciaire: c'est le liquidateur. Il représente le dirigeant, accomplit les actes d'administration, dresse l'inventaire des biens, reçoit la déclaration des créances, effectue la vente des biens, s'occupe des licenciements et recouvre les dettes.
- le représentant des salariés: il est chargé de contrôler le paiement des salaires.
- le juge-commissaire: il s'assure du bon déroulement de la procédure.
- les créanciers: ils doivent déclarer les créances dans les deux mois après la publication au liquidateur afin qu'il la vérifie.

les issues de la procédure: le jugement de clôture intervient dans les 2 ans après le jugement d'ouverture. Le jugement peut être rendu pour extinction du passif, c'est-à-dire que l'entreprise n'a plus de dette, le patrimoine restant est distribué entre les associés. Il peut cependant être rendu pure insuffisance du passif, quand il est impossible de régler la totalité des créances. Les créanciers restant peuvent agir contre les garants. En cas de faute(s) du gérant, celui-ci peut être condamné par le tribunal.

Les effets du jugement de clôture: la personne morale est dissoute et aucun recours contre le débiteur n'est possible.

Chapitre 19: La responsabilité pénale

L'infraction

Définition de la responsabilité pénale: elle est définie comme l'obligation pour une personne de subir les conséquences pénales de ses actes, à distinguer de la responsabilité civile.

Définition infraction: c'est un non-respect de la loi, fait par une personne physique ou morale. C'est une action ou une omission.

L'infraction est constituée de 3 éléments: matériel, légal et intentionnel.

L'élément légal: Un texte de loi doit interdire l'acte. C'est ainsi que l'individu a conscience du risque encouru. La loi pose deux principes:

- la non-rétroactivité des lois pénales les plus sévères: pas d'application de loi avant leur entrée en vigueur
- la rétroactivité in mitius: loi plus favorable à l'auteur des faits, rétroagit tant que les faits n'ont pas de condamnation

L'élément matériel: c'est le comportement prévu dans la loi. Le comportement est fautif quand l'auteur est allé jusqu'à la consommation, n'a pas accompli complètement l'acte ou qu'il est simplement tenté de le faire.

La tentative requiert:

- un commencement d'exécution, c'est le fait d'accomplir des actes en vue de l'infraction
- une interruption involontaire: l'auteur n'a pas réussi contre sa volonté

L'élément intentionnel: c'est l'état d'esprit de l'auteur, sa culpabilité. Il faut donc prouver sa volonté consciente et libre (intention criminelle). En cas d'imprudence ou mise en danger, il n'y a pas d'intention criminelle mais une faute pénale. Il est possible de se dédouaner d'une faute d'imprudence. Il sera responsable seulement si il a violé une loi délibérément.

Les causes de non-responsabilité: il est possible qu'une infraction soit faite mais non poursuivie:

- les causes de non-imputabilité: elles sont personnelles et n'exonèrent pas le complice de sa responsabilité pénale. N'est pas responsable une personne ayant des troubles psychiques ou neuropsychique, ou son discernement a été altéré (drogue par exemple = peine réduite). N'est pas responsable pénalement, une personne qui a agi sous contrainte (chantage par exemple).
- Les faits justificatifs: ce sont des circonstances qui justifient le fait, et exonèrent l'auteur et le complice. Il y en a 4 types:
  - l'ordre de la loi: acte prescrit ou autorisé par la législation ou le règlement, exemple: viol du secret professionnel si c'est pour avertir de maladies contagieuses.
  - le commandement de l'autorité légitime: accomplissement d'acte commandé par un supérieur sauf acte manifestement illégal, exemple fausse facture par demande de son chef.
  - la légitime défense: défense après un acte injustifié. Si il y a disproportion, la légitime défense peut être annulée.

- **l'état de nécessité**: lorsque une personne est face à un danger imminent, accomplit un acte nécessaire pour son bien ou la sauvegarde d'autrui.

La classification: l'infraction peut être une contravention de 1ère à 5ème classe, un délit ou un crime.

Identification de la personne responsable de l'infraction

Il y a deux catégories de participants: l'auteur et le complice.

L'auteur: C'est celui qui commet les faits ou tente de les commettre.

Le cas de la responsabilité pénale du dirigeant: elle est engagée lors de faute de gestion. Il est aussi responsable lors de faute non intentionnelle de ses salariés car défaut de surveillance.

Le cas de la responsabilité pénale de la personne morale: Bien que la responsabilité de la personne morale peut être engagée, les personnes physiques qui la dirige aussi, c'est le cumul des responsabilités. Il y a 2 conditions pour engager la responsabilité:

- L'infraction doit être commise par un organe ou représentant de la personne morale
- L'infraction doit être commise pour le compte de la personne morale

Le complice: c'est celui qui apporte une aide ou une assistance afin de facilité un crime.

La procédure pénale

Les principes directeurs de l'action pénale

Légalité des délits et peines: il n'y a pas infraction sans loi.

Séparation des pouvoirs: le parquet est chargé de l'action publique alors que les magistrats du siège sont chargés du jugement.

La liberté et légalité de la preuve: toute preuve est possible, sauf preuve déloyal, contraire à la dignité humaine et aux droits de la défense.

Le contradictoire: l'auteur doit se défendre et a le droit d'être assisté.

La présomption d'innocence: toute personne est présumée innocente tant que sa culpabilité n'est pas établie.

Le déroulement de la procédure pénale

1- Mise en mouvement de l'action publique par le ministère public:

Dès que le procureur reçoit une plainte, il peut:

- la classer sans suite
- décider de ne pas poursuivre, mais décider d'actions alternatives, rappel à la loi, stages,...
- demander l'ouverture d'une enquête
- engager les poursuites

L'ouverture d'une information judiciaire: l'auteur présumé est mis en examen. Il peut y avoir des perquisitions, des expertises, des auditions ainsi qu'une détention provisoire.

Un renvoi direct devant la juridiction de jugement: c'est pour les contraventions et délits. Cela peut être en citation directe (10 jours à 2 mois après les faits car beaucoup de preuve), ou en comparution immédiate (pas de délai).

Comparution sur reconnaissance préalable de culpabilité: plus rapide, elle implique la reconnaissance de la culpabilité du prévenu. Possible uniquement pour les délits.

2- Mise en mouvement de l'action publique par la victime:
L'action publique peut être déclenchée par la victime, elle doit adresser une plainte avec constitution de partie civile ou elle peut saisir la juridiction de jugement.

3- Mise en mouvement de l'action civile par la victime:
Elle peut obtenir réparation du dommage subit. Elle ne peut être déclenchée que par la victime. Cela peut être devant une juridiction civile ou pénale.

4- Causes d'extinction de l'action publique:
la procédure s'éteint si:
- **l'auteur des faits décède**
- **il y a prescription**
- **l'abrogation de la loi**
- **la composition pénale**

5- Les voies de recours:
- **faire appel**
- **pourvoi en cassation**

Le statut pénal du CAC

Il peut être auteur ou complice d'infraction de droit commun ou spécifique à sa profession (informations mensongères, non-révélation,...)

Chapitre 20: Les infractions

Les infractions de droit commun applicables aux affaires

Elles sont prévues dans le Code pénal.

L'abus de confiance:

Définition: c'est le fait de détourner des fonds ou des biens au préjudice d'autrui, alors que celui-ci lui avait remis pour un usage déterminé, de les rendre ou de les représenter.

Les éléments matériels: Il est nécessaire que des éléments matériels soit présent pour qu'un abus de confiance soit constaté:

- une situation contractuelle ou légale fondée sur la confiance
- une remise à l'auteur de l'infraction de biens, de fonds, volontairement et de façon temporaire
- détournement par l'auteur, qui utilise l'objet prêté à des fins différentes de celles prévues
- préjudice de la victime

Les éléments intentionnels: il faut qu'il y ait une conscience de la nature du contrat entre l'auteur des faits et la victime et une volonté d'accomplir un acte illégal.

Les sanctions: jusqu'à 7 ans de prison lorsque c'est à plusieurs et 750 000€ d'amende.

Particularités: Ce n'est pas un vol car il y a la remise du bien par la victime au malfaiteur. Cela ne s'applique qu'aux biens meubles. La tentative n'est pas punissable. Le complice risque la même peine que l'auteur. Cela engage la responsabilité pénale des dirigeants en entreprise.

L'escroquerie:

Définition: cela correspond à l'usage d'un faux nom, d'une fausse qualité, de manœuvres frauduleuses, de tromper une personne (physique ou morale) et de lui faire remettre des fonds, des valeurs ou biens, à fournir un service ou à consentir un acte.

Les éléments matériels: Deux éléments cumulatifs sont nécessaires pour constater une escroquerie:

- un usage de faux nom/qualité, soit abus d'une qualité, soit manœuvres frauduleuses
- remise volontaire d'un bien ou d'un service

Elément intentionnel: il faut une conscience ou volonté de nuire, d'accomplir un acte illégal qui porte préjudice à la victime.

Sanctions: jusqu'à 10 ans de prison et 1 000 000€ d'amende.

Particularités: La tentative est punie, le complice aussi.

Le faux et usage de faux:

Définitions: le faux, c'est l'altération frauduleuse de la vérité afin de causer un préjudice, dans un écrit ou document officiel qui confère des droits. L'usage de faux est l'utilisation de ce document pour faire valoir ce droit.

Eléments matériels: il y a 3 éléments matériels cumulatifs pour qu'un faux et usage de faux soient prononcés:
- un document ayant une valeur juridique (un passeport par exemple)
- une altération de la vérité dans le document
- pour objet ou effet d'établir une preuve d'un droit ou effets juridiques

Elément intentionnel: il faut qu'il y ait conscience ou volonté d'accomplir un acte illégal.

Les sanctions: jusqu'à 7 ans d'emprisonnement et jusqu'à 100 000€ d'amende.

Particularités: Les infractions peuvent être distinctes. L'usage de faux est condamnable même si l'auteur du document n'est pas connu. La tentative est aussi punie. Le complice risque la même peine que l'auteur.

Le recel:

Définition: cela correspond à la dissimulation, la détention ou la transmission d'une chose ou de faire l'intermédiaire, en sachant que cette chose est issue d'un crime ou un délit. Bénéficier du produit d'un crime ou d'un délit est aussi du recel.

Eléments matériels: 2 éléments matériels cumulatifs sont nécessaires pour que le recel soit constaté:
- le receleur détient une chose provenant d'un délit/crime
- le receleur profite du résultat d'un délit/crime

Elément intentionnel: il faut qu'il y ait conscience de l'origine des biens. L'auteur de l'infraction peut être inconnu.

Sanctions: jusqu'à 10 ans d'emprisonnement et 750 000€ d'amende.

Particularités: Il y a eu préalablement crime ou délit. Le receleur n'est pas celui qui a commis le crime ou délit initial. Il n'y a pas nécessairement un préjudice. La tentative n'est pas punissable. Le complice risque la même peine que l'auteur.

Les infractions spécifiques du droit pénal des sociétés et groupements d'affaires

Elles sont prévues dans le Code du commerce.

L'abus de biens et du crédit de la société

Définitions:

En SA, cela correspond au fait, pour un président, administrateur ou DG, de faire de mauvaise foi, des biens ou crédits de la société, un usage contraire à celle-ci, a des fins personnelles ou pour favoriser une autre société.

En SARL, la même chose mais seulement le gérant.

Eléments matériels: 4 éléments cumulatifs sont nécessaires afin qu'un abus de bien et du crédit de la société soit constaté:
- acte commis par le dirigeant
- usage des biens de la société, du crédit ou des pouvoirs
- acte qui va à l'encontre de l'intérêt social
- acte accompli dans un intérêt personnel

Eléments intentionnel: il faut qu'il y ait une volonté d'accomplir un acte contraire à l'intérêt de la société.

Sanctions: l'auteur encourt 5 ans de prison et 375 000€ d'amende.

Particularités: pour les sociétés à responsabilité illimitée, ce délit n'est pas prévu mais l'abus de confiance est possible. Malgré l'approbation en AG, cela n'exonère pas la responsabilité pénale du dirigeant. La tentative n'est pas punissable. Le complice risque la même peine. La seule victime est la société.

La distribution de dividendes fictifs

Définition: cela correspond à l'opération entre actionnaires ou associés, la répartition de dividendes fictifs, en l'absence d'inventaire ou d'inventaire frauduleux.

Eléments matériels: 4 conditions cumulatives sont nécessaires pour qu'une distribution de dividendes fictifs soit constatée:

- acte commis par le dirigeant
- absence d'inventaire ou inventaire frauduleux
- caractère fictif des dividendes répartis
- mise a disposition des dividendes aux associés/actionnaires

Eléments intentionnels: il faut une volonté frauduleuse de se répartir des dividendes fictifs. La mauvaise foi est à prouver.

Sanctions: 5 ans d'emprisonnement et 375 000€ d'amende maximum.

Particularités: Un dividende est fictif lorsqu'il ne respecte pas la définition du dividende réel. L'approbation en AG n'exonère pas la responsabilité du dirigeant. La tentative n'est pas punissable. Le complice risque la même peine que l'auteur.

La présentation ou publication de bilan ne donnant pas une image fidèle

Définition: cela correspond au fait de publier ou présenter aux actionnaires des comptes annuels non fidèles à la situation financière et patrimoniale en vue de dissimuler la véritable situation de la société.

Eléments matériels: 3 conditions sont nécessaires pour qu'un bilan ne soit pas fidèle:

- manœuvres ou omissions consistant à surévaluer l'actif et sous-évaluer le passif
- action sur le bilan, compte de résultat et annexe
- présentation des comptes à l'AGO

Elément intentionnel: il faut une volonté frauduleuse de dissimuler la véritable situation financière. La mauvaise foi est à prouver.

Sanctions: 5 ans d'emprisonnement et 375 000€ d'amende maximum.

Particularités: le mobile ou le préjudice n'est pas nécessairement caractérisé. La loi n'incrimine que la présentation des comptes et non la publication pour les SARL. La tentative n'est pas punissable et le complice risque a même peine que l'auteur.

La surévaluation des apports en nature:

Définition: c'est le fait de faire attribuer frauduleusement à un apport en nature une évaluation supérieure à sa valeur réelle.

Eléments matériels: 3 conditions cumulatives sont nécessaires pour qu'une surévaluation des apports en nature soit constatée:

- acte de faire attribuer une valeur à un apport
- valeur attribuée supérieure à la valeur réelle sur le marché
- l'auteur est un associé, apporteur ou le commissaire aux apports

Elément intentionnel: il faut une volonté frauduleuse de surévaluer l'actif apporté. La mauvaise foi est à prouver.

Sanctions: 5 ans d'emprisonnement et 375 000€ d'amende maximum en SARL et 5 ans d'emprisonnement et 9 000€ d'amende maximum en SA, SCA, SAS.

Particularités: Ce délit ne concerne que les apports en nature. La tentative n'est pas punissable. Le complice risque la même peine que l'auteur.

Les infractions lors de la mission de contrôle du CAC

Ce type d'infraction est prévu dans le Code de commerce.

l'usurpation de la qualité de CAC ou l'exercice illégal de la profession de CAC:

Définitions: L'usurpation est l'usage du titre de CAC sans être régulièrement inscrit sur la liste et avoir prêté serment. L'exercice illégal, c'est la violation d'une mesure d'interdiction ou de suspension temporaire d'exercer.

Eléments matériels: il y a deux possibilités:
- exercer la profession sans être inscrit
- exercer la profession en violant une mesure d'interdiction ou de suspension

Elément intentionnel: il faut une conscience frauduleuse d'exercer de manière illégale.

Sanctions: 1 an d'emprisonnement et 15 000€ d'amende maximum.

La violation des règles d'incompatibilité imposées au CAC:

Définition: c'est le fait d'accepter, d'exercer ou de conserver les fonctions de commissaires aux comptes alors qu'il y a incompatibilité.

Les règles d'incompatibilité sont:
- toute activité ou acte portant atteinte à son indépendance
- tout emploi salarié
- toute activité commerciale

Eléments matériels: 3 conditions cumulatives sont nécessaires pour constater une violation des règles:
- accepter, exercer ou conserver ses fonctions sans être régulièrement inscrit
- exercer en son nom personnel ou en tant qu'associé
- violer une règle d'incompatibilité

Eléments intentionnel: il faut qu'il y ait conscience d'exercer malgré une incompatibilité.

Sanctions: 6 mois d'emprisonnement et 7 500€ d'amende maximum.

L'absence de désignation du CAC:

Définition: c'est lorsqu'une entité tenue d'avoir un CAC n'en provoque pas la désignation.

Eléments matériels: 2 conditions cumulatives sont nécessaires pour l'absence de désignation du CAC:
- action ou omission commise par le dirigeant
- absence de convocation de l'AG chargée de la nomination

Elément intentionnel: la négligence suffit.

Sanctions: 2 ans d'emprisonnement et 30 000€ d'amende maximum.

L'absence de convocation du CAC aux AG:

Définition: c'est le fait de ne pas convoquer le CAC à toute AG.

Eléments matériels:
- action ou omission commise par le dirigeant
- absence de convocation

Elément intentionnel: la négligence suffit.

Sanctions: 2 ans de prison et 30 000€ d'amende maximum.

Le délit d'entrave aux vérifications et contrôle du CAC:

Définitions: c'est le fait de mettre des obstacles aux vérifications ou contrôles du CAC, ou de refuser la communication des pièces utiles.

Eléments matériels: 2 possibilités:
- empêcher la bonne vérification et contrôle du CAC
- refus de communiquer des documents

Elément intentionnel: il faut une volonté consciente d'empêcher le bon déroulement de la mission.

Sanctions: 5 ans d'emprisonnement et 75 000€ maximum.